堀田美保
Miho Hotta

アサーティブネス

その実践に役立つ心理学

Psychology of Assertiveness

ナカニシヤ出版

はじめに

書店に行くと，コミュニケーションに関する本がいろいろと並べられています。

職場の上司とどうつきあうか
部下をどのように指導すればいいのか
ストレスをためないで人づきあいをするにはどうすればいいのか
自分に自信がもてるためには，どう人と接すればいいのか
子どもの力を伸ばすためには，どう叱ればいいのか
パートナーとの信頼感を高めるには，どんな会話が必要か

ビジネスシーンをはじめ，夫婦や親子，友人などプライベートな場面で，良い関係を築く方法や考え方について，さまざまな視点からのアドバイスが並んでいます。その数を見ると，今，「コミュニケーション」は多くの人にとって関心の的であることを改めて感じます。

どんなにやりがいのある仕事や活動であっても，関わっているメンバーとのやりとりがぎくしゃくしてしまえば，やる気が下がり，その仕事や活動への興味自体も失ってしまいます。どんなに大切な相手であっても，何か気になること，気に入らないことがあり，我慢を続けていては，楽しい時間は過ごせません。コミュニケーションはとても重要な要素です。

気になっていること，気に入らないこと，困っていること，心配なこと，傷ついたこと，何とかしたいことは日々の生活にいろいろあります。

たとえば，職場で

上司がきちんと話を聞いてくれない
リーダーが会議で怒鳴るのでみんなが怖がっている
同僚が締め切り間際にならないと書類の作成を始めない
後輩が資料をもとの場所にちゃんと戻さない
同じフロアーにいる人の電話の声が大きすぎる
私ばっかり雑用をさせられている
飲み会に行きたくない

たとえば，プライベートで

掃除をもっと丁寧にしてほしい
自分の机の上を勝手に片づけないでほしい
親戚とのつきあいを減らしたい
パートナーの食生活の乱れが心配だ
休日はゆっくりしたい
私の話も聞いてほしい
友人が夜遅い時間に電話をしてきて迷惑している
貸したCDを返してほしい

こういったことがあっても，「言いづらい」「こんなこと言えない」と思うことも多いでしょう。頼みたい，注意をしたい，断りたいと思いつつも，相手にとってはあまり聞きたくないようなマイナスの事柄に思え，伝えるのは難しい，不可能だと感じてしまう場面は多々あります。場合によっては，「そんなことを思う自分がおかしい」と自分が感じていることを否定したり，「どうせ，言ったってしかたがない。忘れよう」というあきらめから，なかったことにしてしまうということもあるかもしれません。

このように，自分の気持ちにふたをし続けている限り，「ある日問題が解決していた」なんてことはめったになく（そうなるように願ってしまうものですが），ただただ嫌な気持ちが徐々に積み重なるだけです。ストレスがたまり，限界に達した時には心や体はダメージを受けます。あるいは，ある日，それまで我慢してきたものを相手に一気にぶつけてしまい，関係がこじれてしまうこともあるでしょう。

嫌だと思う気持ちや気になっている問題など，言いづらいことを呑み込むことなく，率直に伝えるための考え方と技法，その１つがアサーティブネスです。アサーティブネスとは，自分の気持ちを大切にし，ふたをすることなく，その気持ちを相手に届けやすくするためのスタンスとスキルの総体です。そして，ここが大切な点なのですが，自分の想いを尊重するだけではなく，同時に相手に対しても尊重する姿勢をもちつつ，コミュニケーションをとる，それがアサーティブネスの大きな特徴です。

私は，20年ほど前にこのアサーティブネスに出会い，地域や組織の研修でその紹介をしたりトレーニングを提供したりする活動を行ってきました。その現場に行くたびに，多くの人が，言いたいことを呑み込んだまま，コミュニケーションに悩み，何か良い方法はないかとヒントを求めておられることを実感します。考え方とやり方のいくつかのコツをお伝えすると，何とかなりそうだという希望を感じてくださる方，勇気を出してその方法を使ってみようとされる方，難しいとは思いつつも練習をしていこうと前向きに取り組まれる方が出てきます。そんな参加者の方の様子を拝見するたび，アサーティブネスは，コミュニケーションの１つの道具として，大いに力を発揮できると感じます。

アサーティブネスは，今の社会において，これまで以上に有効だと思います。それは，社会的な変化と個々人の心理的変化という２つの状況があるからです。

社会的な変化としては，「多様化」です。

たとえば，職場です。以前のように，いったん就職すれば退職までその組織の一員として所属し，その期間に応じてある程度順番に昇進していくといった，年功序列的な組織は少なくなってきています。以前であれば，「年齢」「経験」「役職」「責任」「権限」がセットになっており，上下関係も比較的シンプルでした。上司は年上で経験があり，権限と責任をもっていました。しかし，現在は組織改編や異動も頻繁にあり，転職も珍しいことではなく，個々人が積んできた経験も多種多様です。「今の仕事について経験がない若い上司」「経験はあるが非正規である年上の部下」「海外経験は豊富だが日本企業に初めて来たリーダー」「女性で勤続年数の短い上司」など，さまざまな組み合わせの中では，上司としても，部下としても難しいコミュニケーションが求められています。また，年功序列型組織において長期間にわたり共に働く人々の間にあった「了解済み」「言わなくてもわかる」ということも期待できません。

さらに，以前のように，「仕事第一が当然」というわけではなく，仕事の位置づけや働き方についての価値観は多様化しています。ワーク・ライフ・バランスという言葉も普及し，仕事とプライベートの調和をどうとるかを，個々人が考える時代となりました。仕事が終わった後まで，仕事仲間とのつきあいはしたくないという人も増えています。昼間に不足しがちだったコミュニケーションを夜に補うということに頼っていられない場合も少なくありません。

仕事とプライベートのバランスだけではなく，プライベートな部分でも価値観は多様化しています。結婚をするかしないか，子どもをもつかもたないか，一緒に住むか住まないかといったことについても，いろいろな選択肢がある時代です。また，男女に求められることについても，考え方は多様です。女性も仕事を頑張るべきだと思う人，やっぱり育児は女性がするべきだと思う人もいれば，主夫になりたい男性もいます。あるいは，家族の作り方についても，男女という組み合わせだけが核となるわけではありません。

そして，何を幸せだと思うかについても，経済的に豊かになること，精神的に余裕があること，仕事で成功すること，安定した生活を送れること，趣味に生きること，人とのつながりを広げることなど，その方向性はほんとうに多岐にわたります。

仕事であれ，プライベートであれ，さまざまな背景と価値観をもった者同士が協働するためには，互いの価値観を認め合いつつ交渉をするというコミュニケーション・スキルが必要です。

このような社会的動きと同時に，コミュニケーションに対する一人ひとりの心理的傾向にも変化が現れてきています。2000年を過ぎたころから，若者の特徴として，相手にどう思われるかばかりを気遣い，自分の望むことを我慢する傾向が指摘されることが増えてきました。そのような傾向を指し示す概念の１つが「過剰適応」とよばれるものです。「内的な要求を無理に抑圧してでも，環境からの要求や期待に個人が完全に近い形でこたえようと努力すること」と定義されます（たとえば，石津・安保，2008)。簡単に言えば，周りに合わせようとするがために，自分を押し殺している状態です。

もともとは，主に小学生などの低年齢の子どもが，親の期待に応えるため「良い子」でいようとするあまりに，不適応を起こしている傾向を指す言葉でした。それが，その後，中高生や大学生といったより年齢の高い，いわゆる「若者」の人間関係における傾向に対して使われるようになりました。当初の子どもに対する使われ方では，「成績がいい」「お行儀がいい」など，大人から示される比較的わかりやすい明示された規範への過剰適応でした。それに対して，若者の人間関係では，「たぶんみんなこうすべきだと思っているだろうな」という個々人が推測した，暗黙の規範に合わせなくてはなりません。たとえば，どの場合なら，どの程度なら「誘いを断っていいのか」「手伝いを頼んでいいのか」「その話題にあまり関心がないことを伝えていいのか」など，合わせないといけない規範そのものを自分で推し量らなければなりません。規範がはっきりしていない限り，それを侵さないためには，どうしても，よりいっそう相手に合わせておこうという安全策をとることになります。その結果，自分の気持ちを抑えて無理をしたり，場合によっては，相手に合わせつつもその人に対する嫌悪感や腹立ちあるいは見下し感を強めてしまう結果となります。

過剰適応傾向に見られるように，自分の想いを大切にすることと，相手の想いを大切にすることのどちらかしかないという視点に立っている限り，片方を犠牲にするしかありません。両方を大切にする方法であるアサーティブネスは，このような過剰適応傾向の人が増えている社会では，とても頼れる道具だと思います。

しかし，自分も相手も尊重する，そんなことがどうやって可能なんだろう，と不思議に思われるかもしれません。トレーニングの中でも，「自他尊重のコミュニケーションって確かに大事だ。でも現実には無理でしょ」という反応によく出会います。そう思われるのも仕方がないことだと思っています。なぜなら，そういうコミュニケーションに出会う機会が少ないからです。これまで学校で教わることもなかったですし，そういう人が周囲にいたという経験をもつ人も少なかったからです。でも，それは可能です。少しずつそういう学びの機会も増え，日々実践している方も増えてきました。アサーティブネスについての入門書もその数と種類が次第に増してきています。

では，アサーティブネスが広がりつつある中，本書にはどういう特色があるのでしょうか。

私は，大学で対人関係や集団に関わる心理学である「社会心理学」を専門として，講義や研究を行っています。そのかたわらで，アサーティブネス・トレーニングを提供してきました。本書の中で詳しく述べますが，アサーティブネスはもともと心理療法の中で生まれてきたものですから，もちろん心理学と無関係ではありません。しかし，アサーティブネスは，どちらかというと職場，地域，学校といった現場で伝えられてきたもので，学問としての心理学の中でしっかり扱われることはこれまであまり多くはありませんでした。逆に，現場で伝えられているアサーティブネスは，その背景となっている心理学的研究からの成果をあまり意識することなく，経験的に実践されてきました。その両者に橋を架けたいというのが，本書の狙いです。

本書では，アサーティブネスのポイントを紹介しながら，それらに関連する心理学的研究からの知識や理論を紹介することで，アサーティブネスが示すそれぞれのポイントには根拠があることを示していきたいと思います。

第1章ではアサーティブなコミュニケーションとはどういうことであるのかの大枠を，第2章ではアサーティブネスの生い立ちを紹介します。第3章では自分の感情の扱い方，第4章では自分の想いの伝え方，第5章では自分への〈批判〉の扱い方について，アサーティブなポイントとそれに関わる心理学を紹介します。

本書は，アサーティブネスをある程度学んだ方を読者として想定していますが，まだアサーティブネスについてあまりよく知らないという方は，各章の前半でまとめたアサーティブネスのポイントをまず先に一通り見ていただき，その後で，後半部分にある各テーマに関連する心理学について読んでいただいても結構です。

アサーティブネスを学んでいる方，伝える立場にいる方にとって，その背景や原理を知ることで，よりいっそうの理解の助けになれば，とてもうれしく思います。

引用文献

石津憲一郎・安保英勇（2008）．中学生の過剰適応傾向が学校適応感とストレス反応に与える影響　教育心理学研究，*56*，23-31.

目　　次

第１章
アサーティブであること

アサーティブであること――それをアサーティブネスと言います。**自分の感じ方や考え方を，相手も尊重しながら伝えていくための１つの道具**です。この章では，まず，このアサーティブネスとはどういう考え方に基づいているのか，そしてその柱と土台について見ておきましょう。すでに，アサーティブネスを学んだことのある方は，改めてその基本のおさらいとして読んでください。

１　日常的に見られるコミュニケーションタイプ

何かについて気になっているけれども言いにくいので，困っている――アサーティブネスはそんな時に役立つ道具です。まずは，「言いづらい」場面で，普段どうしているかを考えてみましょう。

●たとえば，職場での出来事です。

Ａさんの部署に新しい上司がやってきました。部署内の改革をするために送り込まれてきたようです。これまでのやり方は最初から見直され，新しいやり方が次々と導入されてきます。しかし，その上司は，新しい手法の説明をする時間をあまりとってくれず，しかも，いつも忙しいせいか，イライラしながらの説明です。わからないことがあって質問や確認をしようものなら，「何聞いてたんだ！」と怒鳴られてしまいます。仕方がないので，Ａさんは，同僚と模索しながら作業を進めていきますが，間違っていたらやり直しをしなければならないですし，あっているのかどうか不安な毎日です。はたして，新しいやり方がいいのかどうか，疑問も高まってきます。

さて，こんな状況でどうしたらいいでしょうか。

多くの人は，こんな恐ろしい上司に何か伝えようなどと思わないでしょう。仕方なく言われるままに仕事を進め，「おかしいな」「まずいな」と思うことがあっても黙って我慢するかもしれません。そのうちに，ストレスがたまり，やる気も失い，場合によっては体の不調をきたすかもしれません。

あるいは，我慢し続けてきたのですが，とうとうそれも限界に達して，ある日，上司に向かって，「いい加減にしてください。あなたのやり方はむちゃくちゃです。みんな困っています！」とくってかかることになるかもしれません。もしくは，みんなが上司を嫌っていることがわかるように，嫌がらせを始めるかもしれません。

しかし，こういったことで，はたして問題は解決するのでしょうか。職場の雰囲気が悪くなるだけで，そうなると決して仕事をするのに良い環境とは言えません。おそらく，仕事の質も下がってきてしまうでしょう。では，どうすればいいのでしょうか。

●もう1つ例を考えてみましょう。

Bさんは，地方から都会に出てきて一人暮らしをしています。地元にいる世話好きの叔母が心配をしてくれ，いろいろな食材を送ってきてくれます。野菜や魚，どれも地元でとれる新鮮なものばかりです。でも，Bさんは，毎日仕事から帰るのも遅く，平日は自炊をする時間も気力もありません。いつも段ボール箱いっぱいに送られてくる食材のほとんどは無駄になってしまいます。お礼の電話をすると叔母さんの「おいしかったでしょ！」という言葉に「うん，とても」と答えている自分にも嫌気がさし，気が重くなります。宅配の人にもついつい無愛想になってしまうほどです。叔母が自分のことを思ってくれていることには感謝しつつも，「どうしてわからないんだろう，こんなに食べられるわけもないってことが…」と叔母の思慮のなさにうんざりしてきています。

このまま送られてくる食材を捨て続けるのか，あるいは実家の母にそれとなく伝えてもらうように頼むのか，Bさんはどうしたらいいのでしょうか。

1．3つのコミュニケーションの型

ここで挙げた2つの例は，「何とかしてほしい」と思っていても怖くて言い出せないケースと，相手に悪くて断れないというケースです。具体的な場面や相手は違っても，私たちの身近によくある状況ではないでしょうか。こんな時に，私たちが日ごろやりがちなコミュニケーションを3つの型に分けて見てみましょう。

①我慢する

心の中で相手への不満を感じていても，言い出さないままでいるというパターンです。言わない理由はさまざまです。Aさんのように「相手が怖い」から，Bさんのように「相手に悪い」から，他にも「言っても無駄だ」「言うと失礼だ」「時間がない」「ちゃんとした理由がない」という理由もあるでしょう。あるいは，言えば自分が「冷たい人だと思われる」「自分勝手だと思われる」「馬鹿だと思われる」「失礼な奴だと思われる」など，自分の印象や評価についての心配も多岐にわたります。理由は何にせよ，自分が我慢するしかない，我慢しておけば丸く収まるなどと，悲劇の主人公を演じているようなもので，それは**主張しないままでいる消極的な「受身型」コミュニケーション**と言えます。自分で納得し「言わない」と腹をくくっているならいいのですが，たいていの場合は，**相手を許せないまま我慢しているので，不満は積もっていくばかり**です。

②相手を強く責める

相手の常識のなさ，相手の配慮のなさ，相手の理解のなさに我慢できず，相手に激しく抗議したり，叱責したり，あるいはぶっきらぼうに相手の申し出を断ったりするパターンで，これは**相手を責めたり相手を傷つけてしまう「攻撃型」コミュニケーション**です。こちらが相手に強硬な態度に出ると，相手も負けじと強い調子で反応し，その挙句には激しい言い合いになってしまうかもしれません。あるいは相手は表立って対抗してこなかったとしても，心の中で恨みに思っていたり，傷つけられたと思ってしまい，関係が悪くなってしまうかもしれません。①の受身型が，我慢の限界に達した時に，一気に攻撃的になる場合も少なくありません。A さんも，B さんも，いつか爆発して，相手の配慮のなさを責めてしまうかもしれません。

③相手にそれとなくわかってもらおうとする

攻撃型のように正面から抗議することはないですが，もう少し巧妙にそれとなく相手を攻撃するタイプもあります。たとえば，目の前でため息をついたり，ぷいっと退席したり，あるいは，嫌味を言ったりして，罪悪感を抱かせて，**相手を動かそうとする「操作型」コミュニケーション**です。相手の耳に入るように噂を流したりということもあるかもしれません。上司に直接言えない A さんは，隣の部署の上司に「うちの上司はダメだ」などと愚痴を言うかもしれません。B さんの実家のお母さん頼りというのもこのタイプに入ります。

2．コミュニケーションを考える２つの軸

これら３つのコミュニケーション型を２つの軸で考えてみましょう（**図１－１**）。

コミュニケーションには，自分と相手がいますので，自分の軸と相手の軸を考えます。**１つの軸は，自分の感じ方，考え方，要求や提案を尊重するかしないかの軸**です。たとえば，「こんなことで怒るなんて私は

おかしい」「私のお願いなんてたいしたことではない」「私の提案なんて価値がない」などは，自分を尊重していないことになります。そうではなく，「私は今傷ついている」「私はこうあればいいと願っている」「私にも1つのアイディアがある」など，自分の感じ方や考え方を自分で認め，大切にするのが尊重です。そして，相手の感じ方や考え方に対しても同じことが考えられます。それが**もう1つの軸で，相手の感じ方や考え方を尊重しているかどうか**です。

この2軸で考えると，攻撃型とは，「自分は尊重するが，相手のことは尊重しない」コミュニケーションであり，その対極にあるのが，「相手を尊重するが，自分のことは尊重しない」という受身型コミュニケーションです。そして，操作型コミュニケーションは，相手のことも間違っていると思っていますが，かといって自分の感情や意見を大事にしてそのまま伝えることをしていない，という意味では，「相手も，自分も尊重していない」と言えます。ただし，操作型コミュニケーションは間接的ではありますが，限りなく攻撃型に近い場合も多々あります。皮肉は，直接相手を非難するよりも，むしろ攻撃的だという印象をもたれるケースもあるようです（岡本，2011）。あるいは「相手を無視する」もかなり攻撃的でしょう。

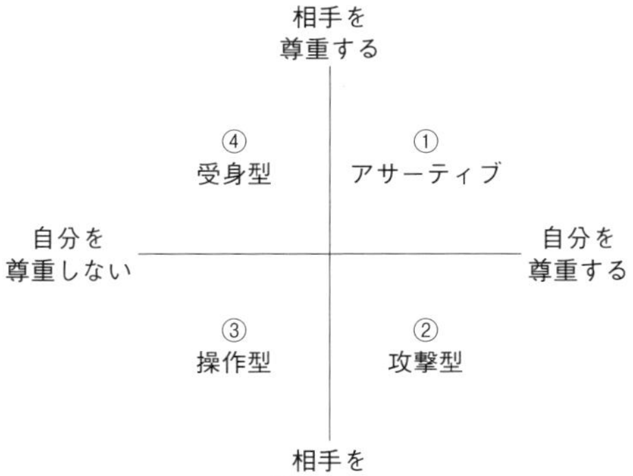

図1-1　4つのコミュニケーションの型

これら３つは，程度は異なりますが，**だれもがやっているコミュニケーションのやり方です。性格ではありません。**どの型を使うのか，相手によって，状況によって変わってくるものです。やはり怖い相手には受身型になりますし，安心して爆発できる相手には攻撃型，少し安心できる相手には操作型になります。また，時間がない時，イライラしている時は攻撃型や操作型，自分に自信がない時には受身型といった具合です。これら３つをどんな風に使っているかを振り返ると，自分のくせや周りの人との関係の取り方がわかるのではないでしょうか。

どの型も悪いというわけではありません。これらはこれまでの経験から身に着けてきたやり方であって，うまくいく時もあると思います。ただ，もしあまりうまくいっていないようなら，４つ目のコミュニケーション型を試してみることを考えてみてください。

もうおわかりかと思いますが，自他尊重，つまり**自分も相手も尊重しようというのが，４つ目のタイプ，アサーティブなコミュニケーション**です。自分が何とかしたい，困っている，問題だと感じている状況について，その感じ方を大切にしてそのことを言葉にして伝え，問題解決のために相手と向き合おうとする主体的な行動です。ただし，決して，自分の好き勝手を押し通すことではありません。相手を一方的に責めるのでもなく，相手の感じ方や考え方も尊重しながら，問題を解決するための話し合いを行っていくことです。そこでは，最初は互いの進みたい方向が対立していたり，ずれていることがあるかもしれませんが，互いが自分の立っているところから歩み寄っていくために使える道具が，アサーティブネスなのです。価値観や考え方が同じであれば，通常のコミュニケーションのやり方でも，事はそこそこうまく運びます。そうはいかない，価値観や考え方，立場や経験が違う人とのコミュニケーションにおいてこそ，アサーティブネスの力が発揮されると言えます。

では，アサーティブなコミュニケーションとは，具体的にどんな姿勢で相手に伝えることなのでしょうか。

2 アサーティブなコミュニケーションのスタンス

アサーティブネスはコミュニケーションについての1つの理論ですが，その中には「スキル」と「スタンス」が含まれます。**スキルとは，何をどう言えばいいのか，コミュニケーションの具体的なやり方**についてです。それを使えるようになれば，伝えたいことをうまく伝えることができるかもしれません。しかし，本当に使いこなすには，そのスキルがどういう考え方に基づいているのか，その根本を知る必要があります。それが**スタンス，つまりコミュニケーションの際にとるべき姿勢**です。

ここでは，そのスタンスとして，アサーティブネスを支える柱とその土台に分けて見ていきましょう。

1．アサーティブネスを支える柱

アサーティブなコミュニケーションを支える柱は4つあります。**「誠実（honesty）」「率直（directness）」「対等（equality）」「自己責任（responsibility）」**です。

①「誠実」〜自己理解の柱

これまで何度か述べたように，アサーティブなコミュニケーションとは，相手も尊重したうえでの自己主張です。したがって，「相手に誠実であること」は非常に大切な姿勢です。相手に嘘をつかない，相手を騙さない，心にもないお世辞を言って相手を不必要にもち上げたりしない，といったことです。

しかし，何よりもまずは，**自分に誠実であること—これがアサーティブなコミュニケーションの第1歩**と言えます。自分がほんとうはどう感じているのか，今の状況がどのように変わってほしいと思っているのかを自分に問いかけます。ある人と時間を過ごすことが「辛い」と思っているのにそれを認めないということもあるかもしれません。あるいは

「そんなことは感じてはいけない」と，「誘われたが旅行には一緒に行きたくない」という気持ちを押さえつけてしまっているかもしれません。自分が感じていることや願っていることを，まずは自分の中で明らかにすることが先決です。それを伝えるかどうかは，その次の問題なのです。自分の感情や要求を「誠実」に知ることは，アサーティブネスの最初のステップです。

②「率直」〜表現の柱

自分の感情や要求が明らかになり，それを相手に伝えようとするのであれば，「率直」という柱を意識してください。たとえば，相手を睨みつけるだけでは，機嫌の悪いことは伝わるかもしれませんが，何をどうしてほしいのかは相手はさっぱりわかりません。また，嫌味や皮肉を言っても誤解されてしまうかもしれません。事態を変えたいのであれば，**相手に「伝わるよう」に，言葉で「率直」に伝える**必要があるのです。

何度も言っているのに事態が変わらないという場合もあるでしょう。その理由の１つに，言っているのに相手に「伝わっていない」ということがよくあります。たとえば，「食べたらちゃんと片づけてね」と言っても，何をどのように片づければいいのか相手にはわからないのです。食べた後テーブルの上の食器は流しに持っていってほしいのですか。それとも，食洗機に入れてほしいのですか，テーブルを拭いておいてほしいのですか，あるいは読んでいた新聞をテーブルの上におきっぱなしにしないでほしいのですか。このように「ちゃんと片づける」という行動は実は多様なのです。**相手がわかるように，具体的に，簡潔に伝える**ことが必要です。

③「対等」〜関係性の柱

次の柱は，伝える時の相手との向き合い方です。相手を見下したり，自分を卑下したりすることなく，「対等」な態度で接することです。

私たちの社会には，いろいろな役割があり，そこには経験，知識，資格，年齢などによって上下関係があります。上司と部下，教師と生徒，先輩と後輩，親と子や，その他にも多くの関係に何かしらの上下があります。たとえば，上司はより多くの権限をもっており，部下の職務内容に対して指示や命令を与えることが可能です。しかし，だからといって部下を見下したり，馬鹿にしたりしていいわけではありません。逆に，部下も上司の命令や指示に従うべき部分はあるとしても，自分の言い分など取るに足らないことだと，自分を卑下する必要もありません。**役割は役割であって，人として互いに尊重しあい，「対等」であろうとする姿勢が必要**なのです。この柱は，４つの中でも，アサーティブネスの特徴として最も重要なものだと考えてください。

④「自己責任」～行動の柱

最後は自分の行動に関わる柱です。**自分が「伝える」あるいは「伝えない」といった行動をとったなら，それは自分が決めてとった行動だという責任を引き受ける**ことです。本当は言いたかったけれども，「場の空気が言わせてくれなかった」とか，言うつもりはなかったのに「あんなことを言われてついつい言ってしまった」「売り言葉に買い言葉だからしょうがない」など，言ったこと，言わなかったことを自分以外の何かのせいにしてしまいがちです。「あなたが困ると思ってずっと言えなかった」というのも，これまでの自分の沈黙を相手のせいにしてしまっています。場の空気がどうであれ，相手の言葉が何であれ，言わなかったのは自分，言ったのは自分なのです。その責任を引き受ける姿勢がアサーティブネスにおける自己責任です。

これには過去だけではなく，将来の責任も含まれます。「今後は気がついたらその都度伝える」「これからは○○という言葉は使わないようにする」など，**問題を解決するために自分ができることを言う・言わないということも「自己責任」**に含まれます。

「誠実」「率直」「対等」「自己責任」という４つの柱が意味していることはとてもシンプルですが，実行するのは難しい，と感じられるかもしれません。「そうは言ってもなぁ」と，これらは単なる理想にすぎないと思われるかもしれません。しかし，こういった姿勢に立とうとしながらスキルを使えば，その姿勢は実現します。しかし，そういう姿勢でいようとしなければ，いくらスキルを使っても，アサーティブにはなれません。難しくても，まずはそうあろう，という意識をもつことがアサーティブネスのスタートです。結果は徐々についてきます。

2．柱を支える土台

アサーティブネスを支えている柱がぐらつかないためには，しっかりした土台が必要です。**アサーティブネスの土台は，「権利（right）」**です。権利といってもさまざまな種類がありますが，ここでアサーティブネスの土台として紹介するのは，コミュニケーションに関わる権利です。

アサーティブネスを学んでいく中で，何をどのように言えばいいのか具体的なスキルを理解し，練習していきますが，それでもなかなか現実にアサーティブに振る舞えないという場合があります。

その理由の１つは，アサーティブになることへの不安です。これまでと異なるやり方でコミュニケーションをとろうとするわけですから，うまくできるか不安感があるのは当然です。「ちゃんと言えるだろうか」「相手はびっくりしないだろうか」「うっとうしいと思われるのではないか」などです。しかし，こういった不安を扱うスキルもアサーティブネスには含まれていますし，また，練習することで慣れていき，それに伴い不安感も低減します。

それでもなお，アサーティブに振る舞えない場合があります。それは，アサーティブに振る舞っていいという気づきがないためです。具体的には，「そんなこと言ってもいいんだ」「断ってもいいんだ」といった気づきです。**自分の感じ方や考えを人に伝えていいという，基本的権利の意識**がないのです。ですから，スキルを学ぶ前に，一人ひとりにあるコミュニケーションの権利を理解し，しっかりと自分自身で認めておくことが必要です。

アサーティブネスのバイブルと言われる1冊の本があります。ロバート・アルベルティ（Robert Alberti）とマイケル・エモンズ（Michael Emmons）という2人の心理学者によってアメリカで出版された『Your Perfect Right（邦題：自己主張トレーニング—アサーティブネス）』です。その中では，権利について次のように述べられています。

> 私たち，一人ひとりが，自分自身でいる権利，自分自身を表現する権利，そして（無力感や罪悪感を抱くことなく），心地よくそうする権利がある。ただし，その過程で他者を傷つけない限りにおいてであるが。（Alberti & Emmons, 2017, p. 42を筆者訳）

この3つの権利を自分自身にあることを認めていないと，アサーティブにはなれません。

たとえば，こんなケースがあります。日常の介助を必要とされるある方が，入浴の際に介護士の方の体の拭き方に物足りなさを感じておられたそうです。介護士さんは，とても優秀で温かい方で，よくしてくださっていることは十分承知しています。そんな方に「すっきりしなくて不満に思っている」なんて，罰当たりだと自分を責め，そんな気持ちはもってはいけないとずっと自分に言い聞かせていたそうです。ある時，アサーティブネスの考え方を聴いて「お願いしていいんだ」ということに気づかれました。勇気をもって介護士さんに伝えてみると，「あら，そうだったんですか。もっと早くおっしゃってくだされればよかったのに。私の方で確認しなくて，ごめんなさいね。他にも，何かあれば，なんでもおっしゃってくださいよ」と笑顔で応えてくださったそうです。自分の感じ方をよしとし，それを相手に真っ直ぐに伝えてみる。まさに，3つの権利を使って，介護士さんと風通しの良い，より良い関係を築けた例と言えるでしょう。

これらの3つの権利をもう少し具体的に示したのが**表1-1**です。これらは完全なリストというわけではなく，一例として見てください。たとえば看護職の方向け，若者向けなど対象に合わせてさらに具体的に表現することもありますし，まとめ方が異なっていることもあります。表現の仕方に多少の違いがある場合もありますが，根本にあるのは先に述べた3つの権利です。

表1-1　アサーティブネスにおける権利

カテゴリー	12の権利
①自分自身でいる権利	どのようなものであれ感情を抱く権利 自分が欲しいものやしたいことを望む権利 考えを変える権利 間違ってしまう権利
②自分自身を表現する権利	感情を表現する権利 要求や意思，価値観を表明する権利 わからないという権利 アサーティブになる・ならないを選ぶ権利
③心地よく上の①②をする権利	尊重され，大切にされる権利 人からの評価を気にしないで，自分で自分を評価する権利 人の悩みの責任を引き受けなくていい権利 自分にとって何が大事か，優先順位を自分で決める権利

①自分自身でいる権利

自分がどのような感情を抱き，どのような考え方をもち，何を望むのか，それはどんなものであれ抱いていいのです。「こんなことで怒ってはいけない」「そんなことを望むなんて贅沢すぎる」と思うことはないのです。どれも自分のものとして認めてあげていいのです。

そして，それはいつか変わることもあるでしょうし，間違っている可能性もあります。

だからと言って，自分がダメだというわけではないのです。もし，以前と考え方が変わったら，変わったことで起こるさまざまなことに責任をもてばいいのです。周囲の人に変更したい点を早めに知らせたり，変更の理由を説明したりすることが必要かもしれません。変更によって生じたコストに対して，謝罪が必要かもしれません。変更に伴う事態に対応する責任は引き受けねばなりません。**権利は責任とセットになっています**。間違いについても同様です。完ぺきな人に私は出会ったことはありません。人は間違いや失敗をするものです。それを恐れていては行動できません。しかし，間違いや失敗から学ぶ責任がありますし，もちろん，間違いや失敗によって生じたコストに対処する責任があります。

場合によっては完全にその失敗を償うことはできないかもしれません。取り返しのつかないこともたくさんあります。それでも，できる限りの償いをしようという姿勢と，そして相手側の赦そうという態度，この相互の歩み寄りにより，私たちは失敗から学び，次に同じことが起こらないよう，知恵を出し合っていくのではないでしょうか。

②自分を表現する権利

自分の中にあると認めた，感情，意見，要求，価値観，疑問を，自分のために伝えることは，私たちの基本的な表現の権利です。ただし，あくまで，相手を傷つけることのない表現の仕方を選ばねばなりません。また，自分に認めた表現の権利は，相手にも同じように認めなくてはなりません。相手は，まったく異なる感じ方や考え方を伝えてくるかもしれませんが，相手にはその権利があるのです。

そしてまた，アサーティブに自己主張をするのかしないのかを選ぶという権利もあります。アサーティブネスは１つの道具です。いつ誰にそれを使うのかは，自分で決めるものです。主張もできるが，「今はやめておこう」と自分で主体的に決めたのであれば，広い意味でそれもアサーティブであると言えます。言わないことの「自己責任」という柱を実行しているのです。「次の会議まで様子を見てまだ改善されないようであれば，言うことにしよう」という選択も可能です。「言わない」ことを意識して言わない，これも１つの権利です。

また，相手が怒りの感情から怒鳴り散らしている状態の時や，自分を身体的あるいは精神的に傷つけてくる可能性が感じられた時などは，自分の身を守るために，自己主張をしないという選択が必要です。たとえば，「今この人にこれを言うと，解雇されるかもしれない」「殴られるかもしれない」といった場合です。

権利とは，「～してもいい」「生まれながらにして，～することは許されている」ということであり，「～しなければならない」ということではありません。

③心地よく感じながら，自分自身でいたり，自分を表現する権利

どのように感じていようと，考えていようと，どんな価値観を抱いていようと，まずは一人の人間として尊重されることは，私たちの基本的人権です。「そんなことを信じているなんてロクな人間ではない」という決めつけは，それに反します。

「自分がこんなことを言うと相手にどう思われるだろう」「今断ってしまうと相手が困ってしまうのではないか」など，もちろん相手の状況や気持ちに配慮することも必要です。相手の事情を理解することも大切でしょう。しかし，だからと言って，自分の感情や要求を伝えてはならないということではありません。相手は断る権利をもっています。ですから，自分の気持ちや要求をまずは伝え，そして相手がどう思っているのかを尋ねればいいのです。そのうえで，お互いの意見や価値観の相違を認め，どう歩み寄れるのかを話し合うのです。

もちろん相手の悩みの責任を引き受けると自分で決めたのであれば引き受けても構いません。しかし，引き受けなくてもいいのです。相手も一人の能力のある存在です。自分で考え，行動する力のある自立した人間であることに信頼をおいていいのです。そうでなければ，相手を能力のないダメな人と見下していることになり，それは決して「対等」であろうという姿勢とは言えません。

誰もがいくつもの役割を担っています。親，子，姉や兄，職業人，役職，地域の住民などです。社会の中で担っているこういった役割には「するべきこと」あるいは「するべきだとされていること」というのが

付随しています。たとえば，親であれば子どものことを最優先にすべきだと感じているかもしれません。でも，親ではなく一人の人間として「たまには自分一人の時間が欲しい」と願うこともあるかもしれません。そのこと自体は「誠実」に自分でまずは認めていいのです。そのうえで，親としての責任は果たしつつも，自分の時間を作る方法はないか，パートナーや周りの人に相談し，交渉することは可能です。

以上，アサーティブネスのスタンスを簡単に見てきました。次に，アサーティブにどう伝えるのか，具体的なスキルを順次紹介していきますが，それらのスキルはスタンスである４つの柱と土台があってこそのものです。ですから，具体的にアサーティブにどう伝えようかと考える時には，必ずこれらのスタンスに戻ってきます。少し抽象的で十分に消化できていないかもしれないですが，何度か柱に戻ってくるたびに少しずつ馴染んでくるようになると思います。

さて，この章の最後に，冒頭で登場したＡさんとＢさんの話に戻っておきましょう。

十分な説明のないまま新しいやり方を導入する上司に対して，Ａさんは何ができるでしょうか。まず，今の事態について，自分がどう感じ，どう改善したいのかを「誠実」に把握することです。そして，そのうち何を上司に伝えるのかを簡潔にする必要があります。まずは，今現在，不安や疑問をもちながら仕事をしていることを伝えることから始めるとよいでしょう。その際に自己卑下も相手への非難も必要ありません。「対等」な姿勢です。Ａさんは部下ですが，今後のためによりよい提案をする能力と経験はあるのですから，その部署の一人のメンバーとして，上司に伝えていいのです。そして，上司は決して敵ではありません。現状を改善すべく新しい試みに取り組んでいる同志です。焦点はあくまで現在の問題です。上司ではありません。

Ｂさんも同様です。まずは，「誠実」に自分がどうしてほしいのかを具体的になるよう整理していきます。食材は一切必要ないのでしょうか。量を減らしてほしいのでしょうか。送る際には，まずこちらの都合を聞いてくれるといいのでしょうか。あるいは，自分が食べたいと思った時にお願いの電話をすることにすればいいのでしょうか。そのことを決めたうえで，自分の提案として伝えてみることです。もっと早くに伝えておくべきだったのに，その自分の責任を果たしていなかったことについては「率直」に謝罪しましょう。叔母さんはびっくりしたり，がっかりしたりするかもしれません。そのことへの申し訳なさも伝え，そして何より叔母さんには感謝していること，今後もよい関係でいたいことも伝えてみてください。

Aさんや B さんがこういった姿勢で相手に向き合うとして，では具体的に何をどのように伝えればいいのか，より詳しくスキルのところで紹介していきたいと思います。今は，まず姿勢として，「誠実」「率直」「対等」「自己責任」という４つの柱を意識してみてください。そして，それらの土台には，コミュニケーションの「権利」があることを忘れないでください。

引用文献

Alberti, R. E., & Emmons, M. L. (1970/2017). *Your perfect right: Assertiveness and equality in your life and relationships* (10th ed.). Oakland, CA: Impact Publishers.

岡本真一郎 (2011). 皮肉―対人関係の裏と表― 久保真人 (編) 感情マネジメントと癒しの心理学 (pp. 92-110) 朝倉書店

第2章 アサーティブネスの生い立ちと心理学的ルーツ

アサーティブネス・トレーニングは，アメリカで生まれた「行動療法」という心理学の1つの体系の中で生まれました。主に不安を低減することが目的でした。その後，療法という臨床の場から，学校や職場，地域社会など，より一般的な場へと出ていくことになりました。アサーティブネスは治療を必要としたクライエントのための治療プログラムから，一般の人々がより心理的に健康になるために有効な道具として期待されるようになりました。それに伴い，不安低減だけではなく，他者との関係の質を維持・向上させる，ということが自己主張の1つの課題となりました（Wilson & Gallois, 1993）。1970年代になってようやく，現在のアサーティブネスのように，相手との「関係性」が重視されるようになったのです（たとえば，Lange, Jakubowski, & MacGovern, 1976; Rakos, 1979）。

不安低減プログラムとしての誕生から現在のアサーティブネスへと成長してきた過程では，心理学の内外での動きが影響を与えてきました。本章では，アサーティブネス・トレーニングの誕生から現在までを辿り，その過程で取り込んできた原理や技法のルーツを確認していきたいと思います。アサーティブネスの歴史です。ちょうど，ある人がこれまでどのような経験をしてきたのかを知れば，その人のことをさらによりよく理解できるのと同じように，アサーティブネスの歴史を知ることはアサーティブネスの理論や技法のより深い理解につながるでしょう。

1 アサーティブネスの生い立ち

1．心理療法としての誕生

アサーティブネス・トレーニングは，アンドリュー・サルター（Andrew Salter）という心理療法家が**クライエントの不安感を低減させるために開発したプログラム**です。サルターは，不安行動を抑えるにはそれとは両立しない行動を起こせばいいと考えました（Salter, 1949）。

その後，ジョセフ・ウォルピ（Joseph Wolpe）によってさらに洗練され，「逆制止（reciprocal inhibition）」という原理が考えられました（Wolpe, 1958）。逆制止とは，不安と逆の反応を起こすことによって不安を制止することです。彼は，不安以外にも，恐怖，緊張，無力感などを含むマイナス感情を低減し消失させるためには，その感情が生じている場面で，それと相いれない反応を引き出すことができればいいと説明しました。不安や恐怖と相いれない反応として使われるのは，主にリラクゼーション反応ですが，その他にも，摂食反応，重要な他者との身体接触などが利用されました。そして，そのような反応の１つとして考えられていたのが自己主張でした。ウォルピは，神経症的不安や無力感といった情緒の問題の治療に，自己主張が効果的であると考えたのです。その後，不安以外であれば，どのようなものであれ，それを適切に表現することがアサーティブであり，そのことで不安が低減できるとしました（Wolpe, 1973）。つまり，当時の行動療法では，**自己主張はリラクゼーションと並ぶ，不安低減法だった**わけです。

このように，アサーティブネス・トレーニングは，自己主張のし方のトレーニングというよりは，不安感を改善するためのプログラムであったため，当初はとにかく自己主張ができることに重点がおかれていました。その後になって，ウォルピは，トレーニングの過程で，**自己主張ができない受身型のクライエントが，自己主張をしすぎてしまい，相手に対して攻撃的になってしまうケースが少なくない**ことに気づきました。

そこで，受身型に攻撃型を加え，攻撃型もアサーティブなコミュニケーションに変容させる必要があると考えるようになりました。

これは，アサーティブネス・トレーニング講座の現場で実感することです。それまで，自分の考えや気持ちを伝えることができなかった参加者の方が，伝え方を学ぶことによって，一気に「針がふり切れて」しまい，自分の主張を押し通すような攻撃型のコミュニケーションをしてしまうことはよくあります。こういった歴史的経緯も踏まえ，アサーティブネスの自他尊重という姿勢を絶えず確認しながら，トレーニングを進めることは重要です。

2．心理療法から心理教育へ

第１章でも紹介したアルベルティとエモンズによる『Your Perfect Right』（1970）は，一般の人向けに著された最初のアサーティブネス・トレーニングについての本であるとされています（Rakos, 1991）。アサーティブネスは，心理療法として生まれ，磨きをかけられながら，次第に，治療の現場から外へと出ていきました。

何かしらの問題を示す人に対して行われるのが「心理療法」です。これは，いわゆる「治療」です。それに対して，今のところはどうしようもなく大きな問題を抱えているというわけではないのですが，将来の精神的な健康のためであるとか，よりよい生活のためにといった目的で，一般の健康な人に対して行われるのが「心理教育」です。

岡林（1997）によると，心理教育とは，1960年代にアメリカで芽生えたもので，問題が起きる前にあらかじめスキルを身に着けておくことで，治療は不要になるだろうという発想から推進されました。ちょうど，現在，生活習慣病の予防に力が注がれているのと同じです。

さらに，心理教育では発達ということも大きな目標となっています。単に時間が経過し年を取ることによって成長するだけではなく，大人になってからも一人ひとりが積極的に学ぶことによって成長することが必要だという考え方です。

つまり，「予防」や「生涯発達」という視点から，一般の人々に対して行われるのが，心理教育です。学びの内容は，日々の感情の扱い，問題への対処，人との関係づくりに関するスキルなどに加え，道徳性や価値観にまで及んでいます。**「心の教育（psycho-education）」というよりは，心理的な技法を使った「よりよい暮らしのための学び（learning for better life）」**といったニュアンスです。

以上がアサーティブネスの大まかな生い立ちです。心理療法の中で生まれ，そこで培われた理論や技法に基づきつつも，臨床的な対個人だけではなく，グループでより多くの人々に対して行えるような工夫がされてきました。その過程で，心理学や社会の動きからさまざまな影響を受けてきました。

次に，アサーティブネスがその発展の中で，何からどのようなものを取り入れてきたのかを見てみましょう。

3．心理学の発展に伴ってアサーティブネスに加わった要素

行動療法の１つとして誕生したアサーティブネスが現在の形になる過程で，大きく２つの要素が付け加えられました。**１つは「認知」であり，もう１つは「人間尊重」**です。

心理学全体の歴史を眺めた時，1920年代から30年ほどは「行動主義」とよばれる考え方の全盛期でした。サルターやウォルピによる療法も，行動主義に則った「行動療法」と呼ばれるものです。

その後，心理学の中では行動主義に対する批判として認知主義と人間性主義という２つの大きなうねりが起きました。付け加えられた２つの要素は，それぞれこれら２つの主義の心理学に由来します。そして，さらにこれらの新しい心理学は，心理学の外，社会における動きから生まれてきたものです（図２－１参照）。こういった動きがどのようなものであったかを簡単に見ていきましょう。

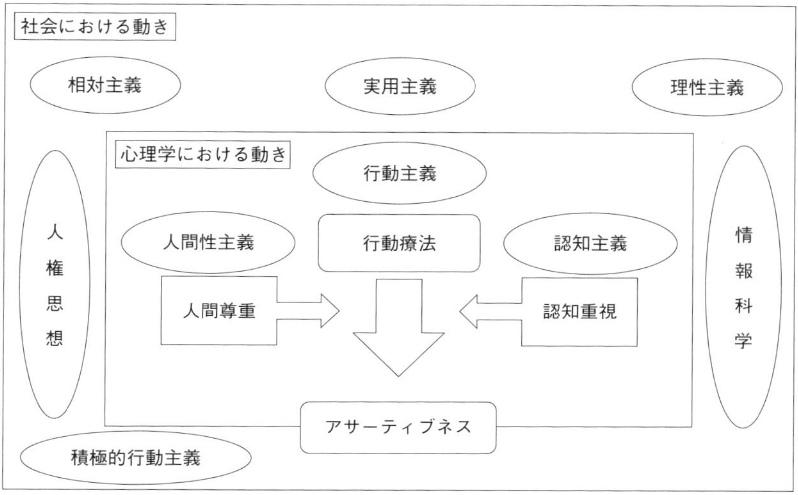

図2－1　アサーティブネスの成長過程での影響源

2 アサーティブネスのルーツ

1.「行動」という要素～行動主義心理学（Behaviorism）

そもそも，行動主義とはどのようなものでしょうか。1913年にジョン・ワトソン（John Watson）は心理学の対象は客観的に観察可能な「行動」のみであると宣言しました（Watson, 1913）。意識や感情，動機，欲求，思考，その他一切の，人の内側で生じていると考えられているものは，目には見えません。そういったものは科学的で客観的な学問としての心理学からは排除すべきだとしたのです。そして，**心理学の対象は，人間の中に入る外からの「刺激」と，その結果として出てくる「反応」**，これらの組み合わせに限られました。「刺激」と「反応」の間で起きていることは，「ブラックボックス」の中でのこととして触れてはならないものとなりました。

行動主義者にとっては，「刺激」と「反応」という組み合わせが活動のすべてであるのは，人間もハトも，ネズミも同じです。心理学では，動物を使った研究も多く行われ，そこから，「刺激」と「反応」の組み合わせに関する基本的な原理が導き出されました。

行動療法では，治療すべき問題は，ある状況（刺激）に好ましくない行動（反応）が関連づけられているために起きていると考えます。したがって，ある状況とその好ましくない行動との関連を弱めればいいのです。たとえば，大勢の前で話すという場面になると動悸が高まるというように，話す場面と不安（動悸の高まり）がセットになってしまっているのであれば，その場面に不安とは別の行動がセットになるようにトレーニングします。先に述べたように，そのより好ましい行動の１つとして，自己主張という行動が用いられたのです。不安を小さくして自己主張ができるようにする，という方向ではなく，**まずは自己主張をしてみることで不安を小さくする，**という考え方です。

関心はあくまで「行動」であり，それに対して介入することにより，その人の行動の変化が可能であると考えられています。その際，その人の内面は関心の対象外でした。

2．「認知」という要素～認知主義心理学（Cognitive psychology）

心理学において行動主義が主流となる中，1950年代後半ごろから，行動主義が排除した「刺激」と「反応」の間で起こっていることこそ，心理学が対象にすべきテーマであると異議を唱えたのが認知主義です。

①認知主義とは

狭義の認知主義心理学は，主に，注意，記憶，思考，言語といった働きを研究テーマとしています。人間を，当時世に出始めたコンピュータになぞらえ，「入力と出力の間で行われている処理」についてモデルをたて，人間の内部で起こっていることを解明しようとしました。人間の中での「情報処理」が心理学の対象となりました。

より広義には，認知主義とは，注意や記憶といった働きに加え，より

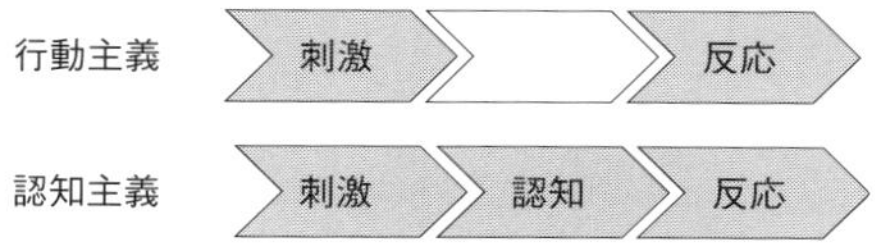

図2-2　行動主義と認知主義

高次の活動である推論や解釈などを重視するアプローチです。ここで言う「認知」とは「外界を認識すること，知ること」と広くとらえてください。

アサーティブネスの成長に関わってくるのは，後者の意味での認知です。たとえば，行動主義であれば，ある課題に失敗したという事実（＝外界からの刺激）は好ましくないものであり，それに対しては，回避（＝反応）が起こると考えます。一方，認知主義では，その間に「解釈」を介在させます。たとえば，その失敗を「あってはならないこと」と解釈するステップです。しかし，「学びのいい機会」と解釈することもあるでしょう。「あってはならないこと」となれば，その課題には近づこうとはしないでしょうが，「学びのいい機会」となれば，その課題に再チャレンジするかもしれません。

このように解釈が異なれば，失敗という同じ外界の刺激に対しても反応は異なってきます。認知主義は，**人は事実に対して反応するのではなく，事実に関する解釈に対して反応する**と考えます。行動主義と認知主義の違いは，図2-2のようになります。

次に，アサーティブネスに特に関係する，代表的な認知主義者2名の考え方を紹介しましょう。

②ラザラスの心理学

心理療法の分野でも，認知が注目されるようになりました。1968年には，アメリカ心理学会で「行動変容における認知的プロセス」というシンポジウムが企画されるなど，新しい動きが出てきました。この時期，ウォルピによるプログラムにも認知的要素が組み込まれていきます。中でも，ウォルピの指導を受けていたアーノルド・ラザラス（Arnold Lazarus）は，行動療法における認知主義の先駆者となりました（Wolpe & Lazarus, 1966）。

ラザラスは，行動療法だけでは，確かに行動は一時的に変化するが，その後再発してしまうことに不満を抱いていました。そこで認知的視点を加えることで，クライエントが抱えるある特定の症状への対処から，たとえば，コミュニケーションの取り方や自分自身に対する肯定的態度といった，**より全般的な問題に対処するスキルの習得をめざす**ようになり，その結果治療の効果は高まりました（Wachtel, 1997）。彼が，「幅広い行動療法」とよんだ，認知行動療法の誕生です（Lazarus, 1971）。

ラザラスはさまざまな技法を用いるマルチモード法を推奨するようになりましたが（詳しくは，たとえばDryden & Mytton, 1999；Lazarus, 1981），その中に含まれていた1つがアサーティブネス・トレーニングでした。ラザラス（Lazarus, 1973）は，断る，お願いをする，プラスおよびマイナスの感情を表現する，会話を始め，続け，終わらせる，といった4つをアサーティブな行動の要素としています。

ラザラスにおいて注目すべきは，彼が単に認知的側面を加えたということだけではありません。彼は，平等主義者であったという点です。「他者の優れた資質に敬意を払うけれど，決して神のように祭り上げないで生きて」いくべきであり，「私たちは誰もが長所と同じ位限界をもった，誤りを犯しやすい人間（Lazarus, 1981, 訳書 p. 15）」であるとしています。つまり，**他者の優れた点には敬意を払いますが，絶対的存在として過剰にあがめたり，その人と比べて自己卑下したりする必要はない**と述べています。相手が「台の上」にいると見たり，相手を「台の上」から見たりしている限り，人との関わりは攻撃性に支配されることになると警告しています。彼のプログラムには自分と相手の尊重という点が含まれており，現在のアサーティブネス・トレーニングの土台がこの時点で見られます。

③エリスの心理学

認知行動療法に分類されるものは他にも何種類もあります。ここでは，もう１つ，アサーティブネスに非常に関連の強い，アルバート・エリス（Albert Ellis）による療法を紹介しておきましょう。

エリスは，行動療法に認知的要素を組み込んだ自分のやり方を，理性療法（rational therapy）と名付けました（Ellis, 1955）。この名称は人々に誤解を与え，合理的理性を重視して，感情を無視していると批判されたため，1961年に「理性情動療法」，さらに1993年には，行動という要素を重視していることを強調するために「理性情動行動療法（REBT: Rational Emotive Behavioral Therapy）」とよぶようになりました（Ellis, 1993）[1)]。理性とは考えること，情動とは感じること，行動とは動くことです。この３つの側面を改善することを明確にしたかったため，長い名前となりました。アサーティブネス・トレーニングの中には，REBT そのものが組み込まれているプログラムもあります（たとえば，平木，2009; 菅沼，2008）。

エリスが，心理療法の基本前提を強調する時に使うお気に入りの引用があります。ギリシア時代の哲学者エピクテトスによる**「人を悩ますのは物事ではなく，その物事に対するその人の見方である」**という言葉です。先に「失敗」に関わる認知について触れたように，失敗で悩むのも悩まないのも，その人がその失敗をどう見るかによるということです。「失敗は絶対にしてはならないことだ」「一度失敗したら取り返しがつかない」という考え方があると，その失敗は大きな悩みをもたらします。このように，**その人に問題をもたらしてしまうようなものの見方，考え方を「不合理な信念（イラショナル・ビリーフ irrational belief）」**とよび，役に立たない思い込みだとエリスは言います。

1）　日本では rational therapy は「論理療法」と訳されることが多いようです。英語の rational に対しては，論理，理性，合理など，訳語もさまざまですが，エリスの REBT は，「理性情動行動療法」と訳されることが多いため，同じ rational という語であることがわかるよう，ここではあえて「理性療法」としておきます。

表2－1　12の不合理な信念（Ellis, 1957）

(1) 大人であれば，絶対に誰からも愛され，あらゆることについて認めてもらわねばならない
(2) あらゆることにおいて完ぺきに有能で何事もこなせなければならない
(3) 中にはよこしまな考えをもっている嫌な人間がいるものであり，その人たちの行いは厳しく罰せられ，とがめられるべきである
(4) ものごとがそうなってほしいように進まないのは，ひどいことであり破滅的である
(5) 不幸は自分の外からやってくるもので，悲しみや不安に対して人ができることはほとんど何もない
(6) もし何か危険そうに見えたり，恐ろしそうに思えるとき，人はひどく不安になるはずだ
(7) 人生における困難や責任のある課題に対して向き合うよりも，それを避ける方が簡単である
(8) 人は自分より強い誰かに頼ったり，そういう人を必要としたりするべきである
(9) 過去は非常に重要で，あることがいったんその人の人生に大きな影響を与えたのなら，これからいつまでもそれは同じ影響力をもっているはずだ
(10) 他の人の問題や悩みでも冷静でいられるはずがない
(11) 人の抱える問題の多くは正しい解決策を見つけることが難しいものであり，もし正しい解決策が見つからなければ結果は破滅的である
(12) 何もせず，じっと待ち続けていることで人は幸せになれるものである

表2－2　核となる不合理な信念（Ellis, 1973）

3つの「ねばならない（must）」	3つの「絶対的なすべき（absolute should）」
私はこうでなければならない	私は絶対にこうすべきだ
あなた（あの人）はこうでなければならない	あなた（あの人）は絶対にこうすべきだ
世の中や状況はこうでなければならない	世の中や状況は絶対にこうあるべきだ

不合理な信念にはいくつか種類があります。エリスは最初12種類を特定していましたが（表2－1）（Ellis, 1957），1970年代初頭に核となる不合理な信念として3つに絞っています（表2－2）。これらが，単なる願望や好みを「強い要求」にエスカレートさせてしまっているのです。

たとえば，「私は良い主婦・主夫でなければならない」という「ねばならない（must）」が生じると，「家の中は絶対にきれいに片付いていなければならず」，そのためには「家族のみんなが絶対に協力すべきである」という「絶対にすべきこと（absolute should）」となってしまいます。これは不合理な信念であり，これがあると感情はかき乱され，不安や怒りが大きくなり，自分や人を傷つける行動をとってしまうとされます。そうではなく，「私は良い主婦・主夫でありたい」「家の中はきれ

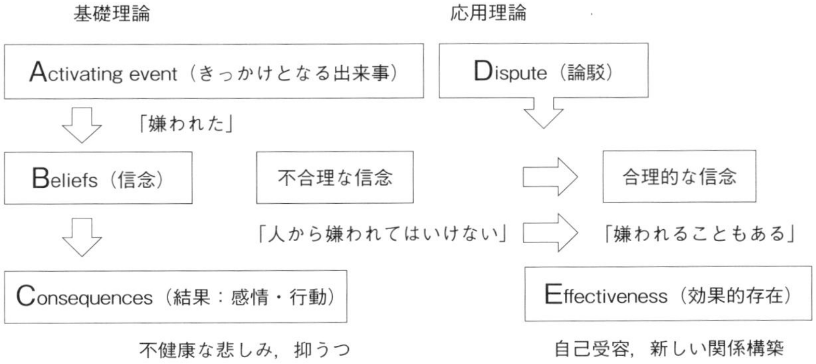

図２－３　REBT（理性情動行動療法）の考え方：エリスのABC理論

いに片付いているといい」という願望であれば，そうであれば素晴らしいことですし，そうでない場合でも，「耐えられない」わけでもなく，そのことで「何もかもすべてがダメになる」わけでもないのです。

エリスのREBTは，自分を苦しめ，みじめにさせているこのような不合理な思い込みに気づき，それを手放すことを目指します。エリスの考え方を図２－３に示しました。彼の考え方はABC理論とよばれています。たとえば，好きな人から嫌われた時に（A：きっかけとなる出来事）悲しみというネガティブな感情を抱きます。その時に，「この人なしで生きていくことはできない」「もう二度と会えないなんてものすごく大変なことである」といった不合理な信念（B）をもっていると，悲しみは抑うつとなり，不健康な感情（C：結果）となります。しかし，「この人と一緒にいられないことは悲しいことではあるが，最悪というわけではない」「この人から嫌われたからといって，すべての人に嫌われるわけでもない」といった，より現実的で，つまり合理的な信念（B）をもてば，悲しいのは悲しいですが，それは起こったこととして受け入れ，また新しい出会いに向けて歩みだすことができます。同じ悲しみであっても，健康的な感情となるのです。

治療では，その考え方には「根拠はあるのか」「ほんとうに〈ものすごく大変なこと〉なのか」など，その思い込みの現実性を問いかけます

(D：論駁)。その過程を通じて，思い込みの不合理さに気づき，より合理的な信念に変えていくことで，効果的な状態（E）になるのです。

では，「失敗は許されない」「人から嫌われてはいけない」などの不合理な信念はどこからやってくるのでしょうか。それは，周囲の人々あるいは教育，メディアからのメッセージとしてやってきます。しかし，REBT では，何より自分が自分に語り続けているからその思い込みは維持されていると考えられています。それは，自分自身についての思い込みでも同様です。「自分は能力のない人間だ」「自分はいつも失敗ばかりしている」と，口癖のように自分が自分に語ることによって，あたかもそれが本当の自分の姿のように信じてしまうのです。**不合理な信念とは，自分との対話（セルフ・トーク）によって自分に再三再四押し付け続けてきているもの**だとエリスは考えました。過去にあったいやなこと，現在気になっていること，将来について気がかりなことといったきっかけとなる（A）が生じるとセルフ・トークが活性化されるのです。セルフ・トークの中で，その間にある（B）に気づかず，（A → C）と語っているのです。

REBT で重要視されることの１つは，言葉の世界と現実世界の区別です。ある状況について私たちが語ることは，それ自体が現実なのではありません。言葉と現実は，ちょうど地図と現地のようなものだとされています。地図は間違っているかもしれませんし，あるいはいろいろなものが略されているかもしれません。また，ある限られた範囲をある特定のスタート地点から眺めているに過ぎないかもしれません。あるいは，どんなに厳密な地図を作成したとしても，それはあくまで地図なのです。

これが言葉と現実の関係にも言えます。たとえば，ある人が「あなたにはまったく能力がない」という言葉を投げかけてきたとしても，それがあなた自身というわけではないのです。批判は単なる１つの言葉です。批判の言葉は過剰な表現かもしれないですし，ある１つの角度から見たものであり，場合によってはまったく見当はずれかもしれないのです。これは，エリス自身が影響を受けた「一般意味論」[2)]という考え方です。

以上のように，エリスの理論では，認知という要素が中心に据えられているのが特徴です。

さらに，エリスのREBTには特徴があります。独特の「人生哲学」です。たとえば，彼は，「人間は不完全であり，失敗をする」ものであるが，「目標に向かって活動している時人間は幸福感を感じる」ものであること，そのために「人間は目標達成のために考え，感じ，合理的に行動できる」有能な存在であると考えています。また，**「他者の利益も考慮した，『わきまえた』自己利益追求者であること」を奨励**しています。これは，自己への信頼をもち「自分も相手も大切にする」というアサーティブネスの原理そのものと言えます。

以上のように，不安低減のための行動療法は，ある事実や状況に対する解釈・思い込みという認知の要素を中心におくようになり，その意味で「解釈する人」としての主体性に信頼をおいたプログラムへと変わってきたのです。

④アサーティブネスにおける認知主義

アサーティブネスにとって，「認知」は，さまざまな側面で関わってきています。

１つは，「権利」という概念です。第１章で見たように，アサーティブネスでは，「間違ってしまう権利」「考えを変える権利」「人の悩みの責任を引き受けなくていい権利」などを自分や相手に認めるということが土台でした。こういった権利を認めることは，実は「認知」を変えることと言えるのです。「自分が間違うなんて絶対に許されない」「相手のことを放っておくなんてありえない」といった不合理な信念を「間違わない方がもちろんいいが，間違ってしまうこともある」と合理的に考え(現実に，間違わない人間などいませんので)，「間違ったら，それに責

2）　アルフレッド・コージブスキー（Alfred Korzybski）が提唱した理論で，人間がいかに記号，特に言語の抽象的な意味と，それが指す具体的事物とを混同して，誤って反応してしまうかを指摘するもので，その防ぎ方を提案しています。

任をもって対処すればいい」と考えることができるようになるのです。**アサーティブネスにおける権利を自分や他者に認めることは，現実的であり，合理的な目で物事を見ること**だと考えることができます。

アサーティブネスにおいて，「認知」が特に関わるもう１つの側面は，「問題の位置づけ」です。現実に目の前にある問題をどのようなものととらえるかです。私たちは，ある状況について，「あの人が悪者」とし，「あの人が変わらない限りどうしようもない」と考えがちです。しかし，そうではなく，「ここに問題がある」とし，「この状況が何とか良い方向へ変わればいい」と考えると，可能な選択肢が広がります。**「相手がどう変わるか」という選択肢に加え，「自分は何ができるだろう」「自分がまだしてないことはなんだろう」という，より実現可能性が高そうな選択肢が出てきます**。相手に変化を求めるのではなく，自分がまず動くのですから，より実現しやすい場合がほとんどです。

たとえば，友人から夜遅くにかかってくる悩み相談の長電話に対して，うんざりしている，という状況を考えてみましょう。「遅くに電話をしてきて，長々と話すことをやめてくれないかしら」「どうして空気が読めないんだろう」などと心の中でつぶやくかもしれません。こういう場合，相手が悪いのであって，相手に変わってほしいと私たちはよく願います。エリスのお気に入りの哲学者エピクテトスによる「人を悩ますのは物事ではなく，その物事に対するその人の見方である」という言葉を思い出してください。イライラという自分の感情は相手の行動のせいではなく，自分の見方によるのです。たとえば，夜の11時の電話をまだ早いと感じればイライラしないかもしれません。自分の感情は相手のせいではありません。

さらに，長電話になるのは，相手が長々と話しているだけで起きることでしょうか。それを，黙って聞いているのは誰でしょうか。「明日朝早いのであと10分くらいにしてほしい」と伝えていないのは自分です。聴いていてくれるから話し続けるのです。ほとんどの場合，目の前にある問題が問題として成り立っているのは，自分自身が何かをやってしまったり，何かをやっていなかったりすることがあるからです。

目の前の問題をどのように位置づけるのか，これは，「認知」の問題です。私たちは，現実ではなく，その現実の位置づけや解釈に困惑したり，腹を立てたり，悲しんだりしているのです。それを別の「認知」に変えることで状況が改善されることは結構あるように思います。

さて，以上，アサーティブネスにおける「認知」という要素を見てきましたが，すでに触れたように，ラザラスやエリスの理論体系では「自己信頼」「有能な存在としての人」「平等主義」なども，大きな特徴です。これらは，次に述べる人間性主義的な要素と言えます。次に，心理学におけるもう1つの動きについて紹介し，現在のアサーティブネスにおけるその影響を見ておきましょう。

3．「人間尊重」という要素～人間性主義心理学 (Humanistic psychology)[3)]

①人間性主義とは

心理学の歴史の中でのもう1つの動きである「人間性主義」は，やはり行動主義への批判として1950年代後半から登場しました。認知主義が，行動主義は刺激と反応の間を見ていない，という点を批判したのに対して，人間性主義は，行動主義における人間の在り方についての根本的な前提について異議を唱えました。先に説明したように，行動主義は，人間とは刺激に単に反応するだけの存在であるとしていました。動物の行動との連続性を仮定し，白ネズミなどを用いた実験から得られたデータによって心理学の知識は構成されていたのです。それに対して，人間は〈大型の白ネズミ〉ではないと皮肉をこめ，反論する者もいました(Bugental, 1967)。そして，**行動主義が心理学から排除した，人間の主観，個性，主体性などを中心に据えよう**としたのです。

人間性主義は，同時に，人間の無意識の影響力を重視する精神分析学

3）　人間性心理学，あるいはヒューマニスティック心理学とよばれることが多いですが，「主義」ということを明確にするため，ここではこのような訳語としています。

表２－３　人間性主義心理学のめざす方向性（Korchin, 1976より作成）

1．	個人の独自性を中心におく
2．	過去や環境より価値や未来を重視する
3．	人間を全体的に理解する
4．	人間の健康的で積極的な側面を強調する
5．	人間独自の特質，選択性，創造性，価値判断，自己実現を重視する
6．	人間の直接的経験を重視する
7．	研究者もその場に共感的に関与する

に対しても，意識軽視の傾向を批判しました。精神分析学とは，ジクムント・フロイト（Sigmund Freud）が創始した心理学です。精神分析学では，人は無意識の力によって動かされている存在であると仮定され，主にヒステリーや神経症の治療といった現場で発展してきたものでした。このような精神分析学に対して，人間性主義心理学者は，考察の対象が人間の病理的な側面に偏っていると批判し，**心理学はもっと正常で健康な人間を対象にする必要がある**と唱えました。人間性主義心理学の父とよばれるエイブラハム・マズロー（Abraham Maslow）は，「欠陥のある，発達を妨げられた，未熟な，そして不健康なサンプル（研究対象者）は，欠陥のある心理学と欠陥のある哲学しか生み出すことはできていない（Maslow, 1954/1971, 訳書 p. 234）」と批判しました。

以上のようなことから，心理学，より正確にはアメリカの心理学では，行動主義が第一の勢力，精神分析学が第二の勢力であり，それらを批判する人間性主義は第三の勢力とよばれました。これは，マズロー自身が自分の運動に命名したものです。人間性主義心理学は，人間を自由意思をもつ主体的な存在，つまり，考え，感じ，表現することのできる可能性に満ちた存在としてとらえようとした心理学です。表２－３に示したのが，人間性主義心理学がめざす方向性です。基本的には人間を善なる，有能な存在と位置づけています。これらを見ると，アサーティブネスは人間性主義心理学がめざす方向といくつかの点で軌を一にしていることが感じられるかと思います。次に，代表的な理論について簡単に紹介しましょう。

②マズローの心理学

先に述べたように，人間性主義心理学を創始したのが，マズローです。マズロー心理学の中で，おそらく最も有名なのは「欲求階層説」でしょう。人間の行動の背景になる動機づけを掘り下げていくと，いくつかの基本的欲求があり，それらにはレベルがあると考えました。

図2－4にあるように，最も低い層にあるのが，「生理的欲求」です。生命維持に直接関わる，空気，食物，睡眠などを求める傾向です。その次が「安全・安定の欲求」です。たとえば，飢えが強い場合は，危険を冒してでも食物を求めます。逆に言えば，飢えが満たされてこそ，安全を求めるようになる，ということです。つまり，下のレベルが満たされてこそ，より上のレベルのものを求めるという階層構造が仮定されているのです。

生理的欲求や安全・安定欲求に加え，人との愛情に満ちた関係を望み，集団に属していたいという欲求や，人から尊敬され認められ，そして自分自身でも自分を認めたいという尊敬・承認の欲求は，人間の基本的欲求であるとマズローは考えました。ただし，これらは決して個々に分離されるものではなく（Maslow, 1954），相互に重なり合っているとマズローは考えています。たとえば，食べるという行為への動機づけは純粋に生理的な場合もあるでしょうが，自分の不安を抑えるためという時もあれば，人との関わりを求めている場合もあるでしょう。

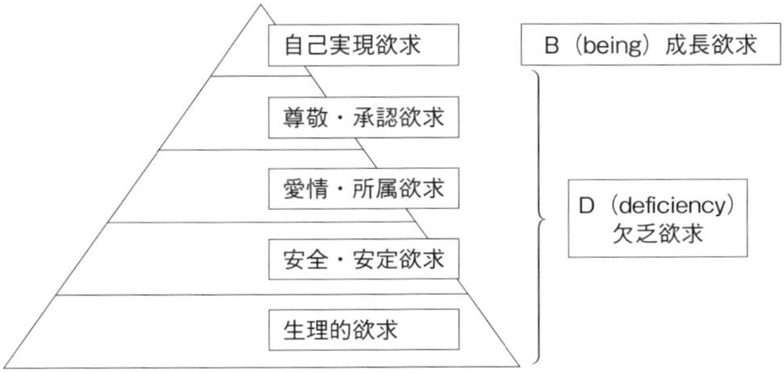

図2－4　マズローの「欲求階層説」

これらは，いずれも「満たされていない」「欠けている」という状態から発生するものであり，欠乏（deficiency）の頭文字からD欲求とよばれています。これと対比されるのが，成長欲求とよばれるもので，めざす価値に向けて自分自身の存在（being）を高めようとする欲求を指します。最近では「自己実現（self-actualization）」という言葉をよく耳にしますが，この言葉はそもそも，マズローが交流をもっていたドイツの神経学者，クルト・ゴルトシュタイン（Kurt Goldstein）による「生物は自分が潜在的になりえる可能性のあるものになろうとする」性質がある，という考え方からきています。**自分のうちにある可能性や能力を発揮（実現）し，自分の使命を達成し，さらに人格内部の一致，統合をめざす**こととされています。マズローは，人は1つの欲求が満たされればより高次の欲求へと向かうものであり，自分の中にあるまだ使ってない多くの可能性を利用しようとする存在であるとしています（Maslow, 1954）。

③ロジャーズの心理学

人間性主義の立場から独自の心理療法を確立したのはカール・ロジャーズ（Carl Rogers）です。ここでは，彼の功績のうち，人とはどういうものであるのかに関する「自己理論（self-theory）」とよばれる考え方を簡単に紹介しましょう。

ロジャーズは，生きとし生けるものには，もっている可能性のすべてを実現させようとする生得的な傾向があり，これが最も重要な動機づけであると主張します。環境が良かろうと悪かろうと，花はとにかく咲き，実を結ぼうとします。それが「いのち」とよべるプロセスの本質なのです。

人間も同様です。ロジャーズは，**人も，生まれながらにして，成長，成熟，肯定的な変化をめざすという資源が生得的に備わっている**と考えていました。人は，自分の中に，自分自身を理解したり，変化させたりするさまざまな資源をもっていると考えています。条件さえ整えば，人は，こうした資源としての自分の可能性を実現させようとする傾向があるものだとし，それを「自己実現傾性（actualizing tendency）」とよび，人間の基本的動機だとしました。そのような方向へと絶えず成長する状態を，「十分に機能すること（fully functioning）」とよびました。これは，先のゴルトシュタイン，そしてマズローの考え方と似ています。ただし，マズローが，自己の可能性の実現はいくつかの階層的欲求が満たされた後に起こると仮定したのに対して，ロジャーズは，異なった形で自己実現について理論化しています。

人が自然と自己実現を志向する，そのメカニズムはいたってシンプルです。人は，自分の生体を維持し成長を促す経験を好み，そうでないことを拒否します。たとえば，空腹時のミルクや，温かい抱っこ，自分で歩くことにはプラスの価値を，逆に苦い味や肌への痛みにはマイナスの価値をつけます。ロジャーズはこれを「生体的価値づけ（organismic valuing）」とよびました。自分の経験をありのままに受け止めれば，この生体的価値づけが作用し，自然と自己の成長が遂げられるものなのです。ロジャーズによると，自己実現にとって最も重要なことは，自分の経験を信じることなのです。**条件が整っているのあれば，自分が感じる「心地良い―心地良くない」に従うことで肯定的な変化に向かうようにできている**という主張です。

ところが，人間にはこのような自己実現動機とともに，他者と良い関わりをもちたいという，親和動機も備わっています。他者から愛されたい，受け入れられたいという欲求が高まるがゆえに，他者――特に，両親など重要な身近な人――が喜ぶことを「正しいこと」，不快に思うことを「間違ったこと」だとして，それを判断基準として，自分自身の経験に基づく価値よりも優先していくようになります。たとえば，「性は好ましくないことである」「偉い人の言うことには従順になることが大切だ」「女性はかわいらしく，男性はたくましいものだ」「人を嫌ってはならない」といった価値です。これらは，場合によっては，自分自身にとってはプラスの価値をもっていないとしても，**他者から承認を受ける**

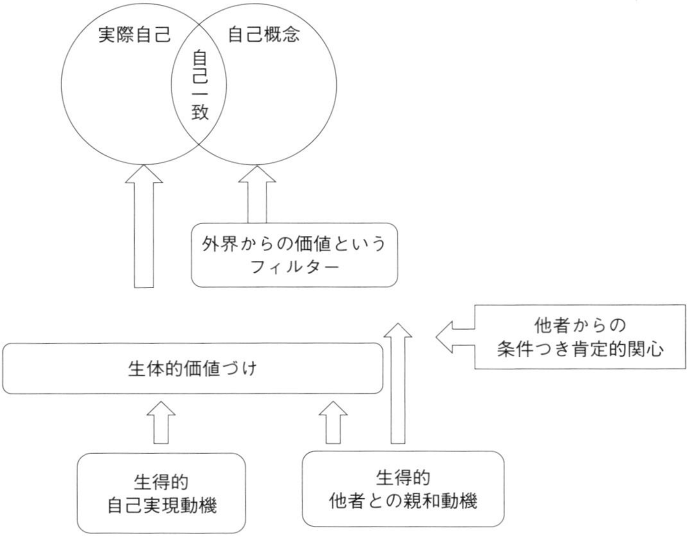

図２－５　ロジャーズの「自己理論」

ために，こういった外からの価値を取り入れ，成長するにつれて内面化していきます。

内面化されていく外からの価値からすると不適切になってしまう部分についての経験は，自分の意識から締め出してしまいます。たとえば，ある子どもが自分の弟に対して嫉妬を感じ，いじわるをしたくなるかもしれません。親は「いじわるはダメ」と伝えるでしょう。親は「いじわるをしない，いい子」である時にのみ肯定的な関心を子どもに向けます。いわゆる「条件つきの肯定的関心（conditioned positive regard）」です。子どもが自分の経験（嫉妬）と自己概念（いい子）の折り合いをつけるためには，外からの価値観には合わない嫉妬という感情をないものとして否定してしまうことが，その子にとっておそらく手っ取り早い方法です。

このようなことが繰り返されるうちに，自分についての実際の経験（「実際自己」）と，周りの人々や社会の価値観や評価を取り入れて形成された「自己概念」との間に不一致が生じてきます[4)]（図２－５）。たと

表2－4　人が“ひと”になっていく過程で生じること（Rogers, 1961をもとに作成）

見せかけの自分から離れる	役割を演じているあたかも自分であるかのようなものから，ありのままの自分に向かう
“べき（ought to be）”から離れる	自分はこうあるべきであるという強迫的イメージから抜け出す
期待に沿うということをしなくなる	社会的・文化的な期待や「常識」といわれるものが自分に意味がないのであれば，それに同調しない
他者を喜ばすことから離れる	自分自身に誠実になり，選択の基準は他者ではなく，自分自身の中にあることを受け入れる
自己の方向に向かう	不安を抱きながらでも，自分自身に責任をもつことで，自分自身であることの自由へと向かう
プロセスとしての存在に向かう	一定の状態に達した「結果」になるのではなく，プロセスとしていることに満足する
複雑さに向かう	自分の中に存在している複雑で豊かな感情，衝動や傾向を恐れることなく，信頼する
経験に対して開かれるようになる	自分自身が感じることに注意を払い，それを恐れることなく受け容れる
他者を受け容れるようになる	自分自身の経験を受け容れることができるようになるにしたがって，他の人の経験も受け容れることができるようになる
自己を信頼するようになる	自分自身であるという過程を，ますます信頼し，価値づけるようになる

えば，実際には，責任ある仕事を任されることにしんどさを感じているのだけれど，周りからの評価を取り入れた「責任感の強い人」という自己像をもっているといったことです。

ロジャーズは，このように，人の中には，外界から取り入れられた「自己概念」と，自分の本当の経験であるがそのままでは認められなくなってしまった「実際自己」が存在し，これら2つの自己が一致しないことが神経症など心理的問題の原因だと考えました。たとえば，「自分は仕事ができない人間だ」と自分を表現している（「自己概念」）と，失敗している自分については意識できますが（「自己一致」），何かの課題

4）　実は，ロジャーズ自身，教条主義的なキリスト教に基づいたしつけを受け，自分らしく振る舞ったり，感情を表に出すことを禁じられた「抑圧家族」の中で育ってきました。彼自身の人生は，自分らしさを取り戻すプロセスだったようです（諸富，1997）。

がうまくできた経験があったとしても，それは意識されないままとなります（「実際自己」）。そして，この２つの不一致を一致させていくことが，「十分に機能している」状態であり，自己実現状態なのです。

つまり，ロジャーズにとって，**自己実現とは，他者が喜ぶ自分ではなく，あるがままの自分が欲していることに耳を傾け，受け入れるようになれること**です（Rogers, 1951）。より具体的には，自分自身のすべての経験に対して開放的であること，他者の考えや意見に左右されず，事態についての自分の《感じ方》に信頼をおいていることなどです（表２－４）。もちろんこれは，ロジャーズの理想的な人間像であって，100％そのような状態にいる人は実際には存在しないでしょう。一致という結果ではなく，あくまで，図２－５の実際自己と自己概念という２つの円が近づきつつある過程ととらえるべきものとされています（Rogers, 1951）。

では，一致を促進するために必要なものは何でしょうか。この２つの円は成長する過程で，自分自身の経験よりも，外からの価値を内面化することで，距離ができてしまったのでした。したがって，必要なことは，表２－４にもあるようにまず自己経験への関心です。

しかし，それは他者との親和動機に優先されてしまっているのでした。そこで必要となってくるのは，**「自分らしくいられる人間関係を体験すること」**だとロジャーズは考えています。さらに，「自分らしく」いられるために不可欠なのが，他者による「無条件の肯定的関心（unconditioned positive regard)」です。自分が感じていることをそのまま受け容れてもらえる状況の中で，自分自身でいられるようになり，その結果として，自分を束縛してきていた，自分の中にある他者の声から解放されるのです。

無条件の肯定的関心とは，相手の尊重と言えるでしょう。たとえば，ある人の行動は，あなたに怒りや不満をもたらす，あるいは到底承認できないようなことであったとしましょう。その時に，相手の行動がどんなものであってもそれを許すということが，無条件の肯定的関心ではありません。相手の行動に対して不快な感情を抱いたり，承認できないと感じたり，あるいはそれを本人に伝えたとしても，相手への愛情は抱き続けたり，相手を受容することはできるのです。先の例で言うと，親は，子どもに「いじわるはいけない」と伝えるかもしれません。しかし，たとえ子どもが兄弟に嫉妬心をもっていてもそれを認め，それでもその子への愛情はもち続けることです。相手の言動がどのようなものであれ，その人の嗜好や感情を尊重し続けることです。

こういった**無条件の肯定的関心を他者から受けることができれば，自己の経験（感情，思考，感覚など）のすべてについて，それらが他者からの肯定的関心と同じくらい価値があることを自分で見出していくようになる**のです。

しかし，これまで述べてきたように，そういった人間関係は日常ではなかなかあるものではありません。ロジャーズにとって，「自己一致」を促進させるような人間関係を提供するのが，カウンセリングの場なのです。彼は，それまでの治療者中心の心理療法に批判を加え，「来談者中心療法（client-centered/person-centered approach）」を提唱していきます。

カウンセラーの役割は，クライエントの本来の力が発揮される条件を整えることであり，それはクライエントの経験に対する「無条件の肯定的関心」です。これは，ロジャーズの治療理論で非常に重要な概念の1つです。クライエントの主体性を最大限尊重しようとする姿勢で，カウンセラーはクライエントに共鳴する役割を担います（Rogers, 1957）。逆に言えば，クライエント自身が自分の経験を把握し，自分の生き方をより意味のある満足するものになるよう，努力することを重視しているとも言えます。自分を不幸，不安にしているものを発見し，自分の生き方を変化させる能力をもっているはずという，人間への信頼が根底にあります。

他の人間性主義心理学者と同様に，ロジャーズも，人間は子ども時代の経験に決定されるという考え方に批判的で，「人間はたえず流れゆくプロセス（Rogers, 1956，訳書 p. 135）」であり，変化していく存在だと考えます。

もちろん，カウンセラーとの関係は限られた場での人為的なものであり，本来は日常の人間関係で「自分らしく」いられる体験がより望ましいとロジャーズは考えており，そういった関係性についても提言をしています（たとえば，Rogers, 1972）。さらに，晩年には，カウンセラーとクライエントの1対1で理論化した「無条件の肯定的関心」を，グループ場面に応用していきます。それが，「エンカウンター・グループ（encounter-group）」です（Rogers, 1970）。エンカウンター・グループという手法を開発することで，自分の理論の実践をカウンセリングの場から，外へ外へと広げていきました。教育現場における教師と生徒，職場における上司と部下などを対象に，エンカウンター・グループを実践していきます。

たとえば，教育現場で学習がうまく促進されるために必要なものは，教える者と教えられる者の間の信頼関係だとロジャーズは言います（Rogers, 1969）。そして，信頼関係を築くために教える側に必要なことの1つに，一人の人間として真の感情を伝えることを挙げています。

ロジャーズはたとえば教室が散らかってイライラしている時に教師がどのように言うかを比較しています。「あなたたちは整理整頓なんて気にもしないのね。まったくひどい子たちだ」と言うのと，「私はきれい好きな人間です。散らかっているとイライラして注意散漫になります」と言う場合です。ロジャーズは，前者では自分の気持ちを「変装させて」いると言います。それに対して，後者は，自分の気持ちに「密着して」，その感情において「透明である（transparent）（訳書 p. 143）」とし，このような態度が学習を促進させるとしています。つまり，**自分の気持ちに誠実になり，それをありのままに率直に伝える重要性**を述べているのです。

この考え方は，ロジャーズの弟子であったトマス・ゴードン（Thomas Gordon）が親の在り方について展開した理論の中で活かされています（Gordon, 1970）。それが「I（アイ）メッセージ」とよばれるもので，アサーティブネスの中でも伝え方のコツとして含まれています（これについては，「第４章　自分の想いを伝える」で，具体的に紹介します）。

さらに，エンカウンター・グループは社会において民族的，政治的，宗教的に対立するグループにも応用されました。集団が対立している場合，たいていはそれぞれが「私は正しい」「あなたがおかしい」という立ち位置から，相手を非難し，怒りや憎しみの感情を抱いています。そこから，**「私は，私が正しく，あなたがおかしいと思っているが，あなたもそう思っている」という事実を受け容れることから始め，互いにそれぞれの感情を表現しあうことで，多様な考え，価値観，背景をもつ人々が互いの違いを認め，それぞれの独自性を尊重しながら理解できる関係性を作ることができる**とロジャーズは考えていました。

たとえば1973年の北アイルランドにおけるプロテスタント信者とカトリック信者，1982年南アフリカにおける白人と黒人など，互いに対立していたグループを対象にワークショップを試み，葛藤を緩和させています。社会的な対立関係であっても，互いに感情を伝え，聞きあうところから始めるしかなく，そしてそのことは効果があるとロジャーズは考え，実践しました。

④アサーティブネスにおける人間性主義

アサーティブネスは，先述したように臨床から外へと踏み出した，あくまでコミュニケーションの姿勢と技法に関する理論体系です。ただし，アサーティブネスには，臨床にたずさわっていた人間性主義心理学者が提唱したさまざまな要素が取り込まれています。

まず最も重要なのは，人をどのような存在だと見るかです。マズローとロジャーズの考え方で見たように，人間性主義の一番の特徴は，それまでの行動主義や精神分析と異なり，**人を大いなる可能性を秘めた存在であるとするところからスタート**している点です。第１章で見たように，アサーティブネスでは，人は誰でも「感じ，考え，選択し，表現し，行動できる」有能な存在として尊重します。

また，アサーティブネスには，**人間の「内なる力（personal power）」への信頼という考え方**があります（Dickson, 2004）。アン・ディクソン（Anne Dickson）によると「内なる力」とは，「自己信頼感であり，自分自身に対する配慮と他人に対する配慮を調和させる力，自分に正直であろうとする決意（Dickson, 2004, 訳書 p. 47）」とされています。「内なる力」は人の内部から湧き上がってくるもので，誰にでも備わっていると仮定されていますが，習慣づけられてしまった行動パターンに陥ってしまっていると，その力は弱まるとされています。「無難なこと」「人が喜ぶこと」ではなく，自分の感情を認識し，自分に誠実であることでこの「内なる力」を高めることができると考えられています。

これは，他者や社会からの価値を優先するのではなく，自分の経験に開かれることで，自分のうちにある可能性を実現していくという，ロジャーズの考え方と軌を一にするものであると言えるでしょう。このような考え方には，一人ひとりのうちにある資質への信頼が基礎にあります。それは，１つには自分自身に対するもので，「自己信頼」とよばれるものです。そして，もう１つはコミュニケーションの相手への信頼です。実は，これはあまりこれまでの心理学では注目されてこなかった考え方です。

さらに，ロジャーズがこのような人間観から，「来談者中心主義」という方法をとり，クライエントの主体性を重んじたカウンセリングの実践を提唱したように，**アサーティブネス・トレーニングにおいても参加者の主体性を尊重**しています。トレーニングの目的，方法などは明示されており，参加者が望んでもいないような方向にトレーナーが行動を変えるといったことはもちろんありません。また，ロールプレイを繰り返したり，理論を学んだりする過程で，どういう言動をとることでよりアサーティブなコミュニケーションができるようになるのかについては，情報として参加者に提供されており，そういった言動がいつの間にか身についているということはありますが，トレーナーがその意味を知らせないまま介入を行うといった操作性はありません。

表２－５　アサーティブネス・トレーニングに見られる心理学的ルーツ

ルーツ	基本的考え方		アサーティブネスでの具体例
行動主義	行動を対象とする	・性格などの内面ではなく，行動にアプローチする ・行動は介入により変容可能である	・コミュニケーションのとり方は性格ではなく，行動のパターンである ・まずは，新しい振る舞い方（行動）を試してみることで，変化を起こす
認知主義	解釈の重視	・人は，それぞれ，自分や世界についての理解を積極的に作り上げる存在である ・人は現実ではなく，解釈に応じて行動する	・「事実」のとらえ方は１つではない ・自分と相手では，「事実」のとらえ方が異なる可能性が高い ・「事実」のとらえ方を検討することで，異なる解決策が浮上する
	言語は表象	・言葉はイコール現実ではない	・相手からの〈批判〉を，１つの解釈としてとらえる
	非合理的な思い込みにアプローチ	・自分自身や状況，相手について，自分を縛っている思い込みを再考する	・表現や人間関係に関わる思い込みに気づき，表現の「権利」を自他に認める
人間性主義	人間の潜在的可能性への信頼	・人は，潜在的可能性を秘めている ・生得的に肯定的な変化に向かうための資質をもっている	・人は賢くて能力のある存在として扱われるべきである ・人がもつ「内なる力」を信頼する
	自己経験に開かれること	・人は自分の経験を受け容れ，信頼してよい ・人が自分の経験に目を向ければ，十分にうまく機能できるようになる	・自分に誠実であることから始める ・だれもが，自分自身の感情，意見，価値観を認め，表現できる力がある ・YES, NO について，自分のからだの反応に注意を向けてみる
		・人は，柔軟で変化可能である	・自身が変わろうという動機があれば自分のコミュニケーションの改善は可能である
	自己決定の尊重	・人はどの方向に変化すべきか，自分自身がその方向性を最も適切に定めることができる	・トレーニングの目的は参加者に明示され，共有されており，トレーナーによる操作性が低い ・アサーティブネスをいつ，だれに使うかは，主体的に選択されるべきものである
	他者との相互作用の意義	・自分の内的経験への気づきは，他者とのかかわりの中でさらに増進する	・参加者相互のフィードバックという支援を通して，自身のコミュニケーションについての気づきを高める
	社会的問題における対人コミュニケーションの重視	・社会的対立は，個人間のコミュニケーションの改善によって緩和できる	・人権尊重が実現している社会を目指した，コミュニケーション方法である

また，アサーティブネス・トレーニングでは，エンカウンター・グループと異なり，プログラムの構築や進行はトレーナーが主導しますが，参加者同士の相互作用による学習が大きな部分を占めているという点は共通しています。それは，参加者の主体性や資質への信頼に基づいているのです。こういった，トレーニングにおける姿勢も人間性主義の流れを汲んでいるといえます。

さらに重要な点は，**アサーティブネス・トレーニングは，単に個人のコミュニケーション・スキルの向上を目的としているだけではなく，個人の対等なコミュニケーションを通じた，社会変化を目指している**という点です（堀田，2013）。人権尊重が実現している社会，多文化・多価値観の共生が実現している社会を目指すものです（Alberti & Emmons, 1970; アサーティブジャパン，2009; Ruben, 1985）。これも，ロジャーズが個人のカウンセリングから，実社会でのエンカウンター・グループへと実践の場を広げたのと同じ志向と言えるでしょう。

このようにアサーティブネスの誕生から成長過程を眺めてみると，アサーティブネスの考え方がより明確になると思います。表2-5の「アサーティブネスでの具体例」のいくつかは，第2章という今の段階ではご紹介できていないものもあります。それらについては，この後の章で詳しく説明していきます。

4．心理学発展の社会的背景

これまで見てきたように，アサーティブネスは，1950年代に行動療法の中で生まれ，その後の心理学の展開の影響を受け，認知と人間尊重という要素を取り入れてきました。そして，そもそもこのような**心理学の展開自体は，当時の西洋社会における価値観と密接に関係**しています。

リチャード・ラコス（Richard Rakos）によると，1970年代後半からの，西洋（主にアメリカ）社会における4つの価値観がアサーティブネスの考え方に含まれているとされています（Rakos, 1991）。第1に，

「理性主義（rationalism）」とよばれるもので，**人間の理性に重きをおく価値観**です。「理性」の対として考えられるのが「感情」なので，アサーティブネスが理性重視であるなら，感情は考慮しないかと言うと，そういうわけではありません。第4章で詳しく見ていくように，アサーティブネスでは，感情は相手に伝えるべき重要な要素だと考えています。ただし，決して感情的に伝えることを薦めているわけではありません。感情を理性的に言葉で伝えていきます。たとえば，怒りという感情を感情的に出してしまうのが攻撃型です。

また，すでに見たように，自身の中にある不合理な思い込みを論破するというアプローチも，自分自身の感情，おかれている状況について分析を加え，新しい見方や選択肢を生み出すプロセスであり，それには冷静な思考が求められます。

第2に，「積極行動主義（activism）」です。アクティブであること，という意味です。**自分の問題は自分で解決をする責任を主体的にとるべきである，という考え方**です。誰かが解決してくれるのを待ち，自分は黙って待っているのではなく，自分から自分が望むことを相手に伝えるというアクションを起こします。この点は「自己責任」という柱や，アサーティブネスにおける主体性という考え方に現れています。人と人が互いに対等に向き合い，社会における差別や排除，不平等などが少しでも解決されていくよう，積極的に前に進むためのアクションを起こそうという方向性を含んでいます。

第3に，「倫理的相対主義（ethical relativism）」です。物事に正しい・間違っているという絶対的な基準があるとは考えません。**さまざまな価値観や考え方の多様性を認め，もし互いにそれらが異なっているのであれば，その時にこそ，互いを尊重しながら交渉を進めることを目標**にしています。上で述べたように，多様性に寛容である平等な社会，これは人間性主義，そしてアサーティブネスに込められた願いとも言えるでしょう。

最後に，「実用主義（pragmatism）」です。アサーティブネスが誕生した行動主義心理学は，そもそもアメリカの実用主義の影響を大きく受けています。**ある知識や思想が正しいかどうかは，それがどのような行動を引き起こすかによって判定されるという考え方**です。これは，もともとはフロンティア精神（開拓者精神）が土台となって生まれた思想だとされています。

アサーティブネスはあくまで１つの道具として，その効果が問われます。ストレスが減るか，バーンアウトを予防できるか，相手との関係性を改善できるか，風通しの良い場を作れるか，そして自分を好きになれるかといったことです。ただし，単にスキルの部分だけではありません。先に見たように，柱や土台といった相手に向き合う姿勢が問われます。単に小手先でうまくいくかどうかという意味での効果ではないことには注意してください。

この章のまとめ

心理学でわかっていること	アサーティブネスでは
行動主義：コミュニケーションは性格ではない 認知主義：行動は，認知に対して起こる 人間性主義：人は有能な存在であり，その潜在的可能性に信頼を寄せる	まずは行動を変えてみる 自分の無意識の思い込みや，一方的なとらえ方を改めて検討してみる 自分と相手の力を信じ，互いを尊重する姿勢をもつ

引用文献

Alberti, R. E., & Emmons, M. L. (1970/2017). *Your perfect right: Assertiveness and equality in your life and relationships* (10th ed.). Oakland, CA: Impact Publishers.

アサーティブジャパン（編）(2009). アサーティブネスと社会変革―アン・ディクソ

ン氏によるトレーナー会員向け研修の記録　アサーティブジャパン
Bugental, J. F. T. (1967). *Challenges of humanistic psychology.* New York: McGraw-Hill.
Dickson, A. (2004). *Difficult conversations.* London: Piatkus.
(ディクソン, A.　アサーティブジャパン（監訳）(2006). それでも話し始めよう　クレイン)
Dryden, W., & Mytton, J. (1999). *Four approaches to counselling and psychotherapy.* London: Routledge.
(ドライデン, W., & ミットン, J.　酒井汀（訳）(2005). カウンセリング／心理療法の4つの源流と比較　北大路書房)
Ellis, A. (1955). New approaches to psychotherapy techniques. *Journal of Clinical Psychology, 11,* 207-260.
Ellis, A. (1957). Rational psychotherapy and individual psychology. *Journal of Individual Psychology, 13,* 38-44.
Ellis, A. (1973). *Humanistic psychotherapy: The rational-emotive approach.* New York: Julian Press.
Ellis, A. (1993). Changing rational-emotive therapy (RET) to rational emotive behavior therapy (REBT). *Behavior Therapist, 16,* 257-258.
Gordon, T. (1970). *P. E. T. Parent Effectiveness Training: The tested new way to raise responsible children.* New York: P. H. Wyden.
(ゴードン, T.　近藤千恵（訳）(1998). 親業―子どもの考える力をのばす親子関係のつくり方　大和書房)
平木典子 (2009). 改訂版　アサーション・トレーニング―さわやかな〈自己表現〉のために　金子書房
堀田美保 (2013). アサーティブネス・トレーニング効果研究における問題点　教育心理学研究, *61*, 412-424.
Korchin, S. J. (1976). *Modern clinical psychology: Principles of intervention in the clinic and community.* New York: Basic Books.
Lange, A. J., Jakubowski, P., & MacGovern, T. V. (1976). *Responsible assertive behaviour: Cognitive/behavioral procedures for trainevs.* Champaign, IL: Research Press.
Lazarus, A. (1971). *Behavior therapy and beyond.* New York: McGraw-Hill.
Lazarus, A. (1973). On assertive behavior: A brief note. *Behavior Therapy, 4,* 697-699.

Lazarus, A. (1981). *The practice of multimodal therapy.* New York: McGraw-Hill.
(ラザラス, A. 高石昇 (監訳) (1999). マルチモード・アプローチ―行動療法の展開 二瓶社)

Maslow, A. H. (1954). *Motivation and personality.* New York: Harper & Rows.
(マズロー, A. H. 小口忠彦 (監訳) (1971). 人間性の心理学 産業能率短期大学)

諸富祥彦 (1997). カール・ロジャーズ入門―自分が"自分"になるということ コスモス・ライブラリー

岡林春雄 (1997). 心理教育 金子書房

Rakos, R. F. (1979). Content considerations in the distinction between assertive and aggressive behavior. *Psychological Reports, 44,* 767-773.

Rakos, R. F. (1991). *Assertive behavior: Theory, research, and training.* London: Routledge.

Rogers, C. R. (1951). A Theory of personality and behavior. In C. R. Rogers, *Client-centered therapy* (pp. 481-533). New York: Houghton Mifflin.
(ロジャーズ, C. R. 伊東博 (編訳) (1967). 第4章 パースナリティと行動についての一理論 ロージァズ全集第8巻 パースナリティ理論 (pp. 89-162) 岩崎学術出版社)

Rogers, C. R. (1956). What it means to become a person. In C. E. Moustakas (Ed.), *The self* (pp. 195-211). New York: Harper & Bros.
(ロジャーズ, C. R. 村山正治 (編訳) (1967). 第5章 人間の生成の意味するもの ロージァズ全集第12巻 人間論 (pp. 115-137) 岩崎学術出版社)

Rogers, C. R. (1957). The necessary and sufficient conditions of therapeautic personality change. *Journal of Consulting Psychology, 21,* 95-103.

Rogers, C. R. (1961). To be that self which one truly is: A therapist's view of personal goals. In C. R. Rogers, *On becoming a person: A therapist's view of psychotherapy* (pp. 163-182). Boston, MA: Houghton Mifflin.
(ロジャーズ, C. R. 村山正治 (編訳) (1967). 第7章 "自己が真の自分自身であるということ"―人間の目標に関する一セラピストの考え ロージァズ全集第12巻 人間論 (pp. 175-201) 岩崎学術出版社)

Rogers, C. R. (1969). *Freedom to learn : A view of what education might become.* Columbus, OH: Merril Publishing Company.
(ロジャーズ, C. R. 友田不二夫 (編訳) (1972). ロージァズ全集別巻4 創造への教育 (上) 岩崎学術出版社)

Rogers, C. R. (1970). *Carl Rogers on encounter groups*. New York: Harper & Row.
(ロジャーズ, C. R. 畠瀬稔・畠瀬直子（訳）(1982). エンカウンター・グループ—人間信頼の原点を求めて　創元社)
Rogers, C. R. (1972). *Becoming partners: Marriage and its alternatives*. New York: Delacorte Press.
(ロジャーズ, C. R. 村山正治・村山尚子（訳）(1982). 結婚革命　パートナーになること　サイマル出版会)
Ruben, D. H. (1985). *Progress in assertiveness, 1973-1983: An analytical bibliography*. London: Scarecrow Press.
Salter, A. (1949). *Conditioned reflex therapy*. New York: Creative Age Press.
菅沼憲治 (2008). セルフ・アサーション・トレーニング—はじめの一歩　東京図書
Wachtel, P. L. (1997). *Psychoanalysis, behavior therapy, and the relational world*. Washington, D. C.: American Psychological Association.
(ワクテル, P. L. 杉原保史（訳）(2002). 心理療法の統合を求めて—精神分析・行動療法・家族療法　金剛出版)
Watson, J. B. (1913). Psychology as the behaviorist views it. *Psychological Review, 20*, 158-177.
Wilson, K., & Gallois, C. (1993). *Assertion and its social context*. Oxford: Pergamon Press.
Wolpe, J. (1958). *Psychotherapy by reciprocal inhibition*. Stanford, CA: Stanford University Press.
Wolpe, J. (1973). *The practice of behavior therapy* (2nd ed.). New York: Pergamon.
Wolpe, J., & Lazarus, A. (1966). *Behavior therapy techniques: A guide to the treatment of neuroses*. New York: Pergamon.

第3章
自分の感情と向き合う

この章では，感情と向き合うことについて考えてみましょう。自分の感情を知ることは，アサーティブなコミュニケーションの最初の１歩です。相手に伝える前に，まずは自分自身に向き合う作業が必要です。**自分がほんとうにどう感じているのかをまず自分自身に問いかけます。**

アサーティブネス・トレーニングの中で，参加者の方たちは「上司としてその叱り方を何とかしてほしい」「友だちからの飲み会への誘いを断りたい」「食後の後片付けを手伝ってほしい」「夜中に大きな音で音楽を聴くのはやめてほしい」といった課題を取り上げ，ロールプレイをしていきます。その時，アサーティブなコミュニケーションとは自分の要求を「率直に」伝えることなのだから，それだけをそのまま伝えようとなってしまいがちです。

しかし，要求を伝える時には，伝えるその前に考えるべきことがいくつかあります。その１つは，要求と一緒に伝える気持ちは何か，ということです。どうしてほしいのかという要求を伝えることばかりに意識がいってしまいますが，どう感じているのかを伝えることも重要です。なぜ要求するのか，感情は，その理由の１つだからです。叱り方を変えてほしいのは，その言葉に傷ついてやる気を失うからです。片付けを手伝ってほしいのは，やることが山積みで苛立っている気持ちがあるからです。トレーニングでのロールプレイを見ていると，「要求」は言えていても「感情」が抜け落ちる場合が多いように思います。日常の会話では，伝える習慣があまりないからでしょうか。

自分の気持ちを伝える際には，それについて知るために少し時間をか

け自分に問いかけることが必要です。今の状況について自分はどう感じているのか，また，伝えようとしているまさにその瞬間，どう感じているのかです。自分でもよくわからないことを相手に伝えるのは不可能です。伝えたいことが何なのか，自分自身に明確になって初めて相手に伝える段階に入ることができるのです。あるいは，すでに自分の気持ちをわかっている場合もあるでしょう。しかし，時には，ほんとうは自分で気がついているけれど，そんな気持ちは抱いてはいけないと打ち消していることもあるかもしれません。あるいは，自分では気づいていない別の気持ちもあるかもしれません。自分の感情を理解すること，これはアサーティブなコミュニケーションに必要な，そして非常に重要な１つのプロセスなのです。

この章では，感情を整理する際のポイントをおさえたうえで，感情に向き合う時に知っておくと役立つ心理学を見ていきましょう。

1　アサーティブネスにおける感情との向き合い方のポイント

1．自分の感情を誠実にみつめる

第１章で述べたように，自分に向き合う時の姿勢は「誠実」です。**自分の感情にふたをしない，自分の気持ちを否定しない。自分の気持ちにゆっくりとつきあってあげる**ことです。友だちからの一言にほんとうは傷ついているのに「これくらい大丈夫！」「気にしてない」と自分に言い聞かせたり，延々と続く同僚からの相談に対して心の中では「うんざりだ！」「疲れる！」と思っているのに，「そんなことを感じてはいけない」と自分を叱ったりといったことです。他にも，ほんとうはとても不安だったり，さびしかったり，不愉快だったりするのに，「今はそんなことを感じている場合ではない」と自分の気持ちをどこかに押し込んでしまうといったことを，私たちは日々やりがちです。後で詳しく見るように，否定したり，ふたをしてしまった感情は認められないまま，どこかに潜み続け，私たちに悪影響を与えます。あるいは，いつか噴出してしまい，誰かにぶつけてしまうことになるかもしれません。そうならないためには，どのような感情であれ，まずは自分で認めてあげることが必要です。

実は，自分の中に見つけた感情次第で，伝える要求・提案の中身が違ってくることもよくあります。自分が何とかしたいと思っている事態を解決する方法は，自分がどう感じているのかによって異なってくるのです。

たとえば，職場で「お茶当番なんてやりたくない！」「こんなつまらない仕事を私に押し付けるなんて許せない」といった怒りの気持ちが前面に出てきていると，解決方法は「もうやりません」とばっさりNOを伝えることになります。しかし，ほんとうに自分がどう感じているかを丁寧に見ていくと，腹だたしさは確かにあるでしょうが，実は，他の仕事をさせてもらえない「焦り」「悲しさ」「悔しさ」「嫉妬」などといった気持ちが見えてくることもよくあります。そうなると，「お茶当番をしたくない」と伝えるよりは，「実は今度の企画に携わりたい」ということを伝えるべきなのかもしれません。「やる気があるので，次のプロジェクトの書類作成をやらせてほしい」ということかもしれません。要求はだいぶ変わってきます。

あるいは，自分の親が子育てについてあれこれ干渉してくることに「イライラして」いると感じ，「ほっといてほしい」「口出ししないでほしい」と思っている場合でも，もしかすると，大人である自分がいつまでたっても子ども扱いされることに，「がっかり」していたり，「情けなく」感じているのかもしれません。そうであれば，「自分の考えも聞いてほしい」ことを伝えるべきなのかもしれません。

これらの例からわかるように，自分の感情に丁寧に向き合うことは，誠実の柱を実行することでもありますが，**自分の望んでいることをまた別の視点から眺めることでもある**のです。その結果，相手に伝える要求の内容についても，選択の幅が広がってくるかもしれません。

2．感情を言葉で表現する

怒ると心臓の鼓動が速くなったり，不安になると体が堅くなったり，悲しくなると胃のあたりが重たくなったり，感情には身体的な反応が伴います。しかし，後で詳しく紹介するように，怒りの反応とか，悲しみの反応といったぐあいに，個々の感情に身体的な反応が１対１に細かくあてがわれているわけではありません。**私たちが「気持ち」とよんでいるのは，からだに生じている生理的反応に私たちが貼り付ける「言葉のラベル」**なのです。

自分の気持ちを把握するためには，気持ちにラベルをつける必要があります。なんとなくもやもやした気分やどんよりした気分など，自分自身でもよくわからないものは，他の人にはもっとわからないことでしょう。私たちは，わからないものには不安や恐れを感じます。感情を恐れずに扱うには，それをわかるものにする，つまり，言葉のラベルを貼ってあげることが大切です。感情を言葉で表現することで，落ち着いたり，ストレスが減ったり，あるいはじっくりと考えることが可能となってきます。トレーニングの現場では，「感情の言語化」と表現します。

感情の言語化には，相手の言動に腹が立つとか，悲しいとか，困っているとか，自分が解決したいと思う事態についての気持ちを言葉にすることに加え，**相手に向き合い伝えようとしている「今，ここ」で感じる気持ちを言葉にする**ことも含まれます。たとえば「こんなことを言っていいんだろうか」「言ったらとんでもないことになるのではないか」など，伝えた後のことについての不安や恐れ，そして罪悪感，あるいは「冷たい」「エラそう」「自分勝手」と思われるのではないかなど，自己イメージの低下についての怖れや不安などです。こういった気持ちでいっぱいになると，落ち着かなくなります，場合によっては言い出せなかったり，あるいは余計なことを言ってしまったりします。**「言いにくい」と感じているその時の気持ちを言語化してみる**と，不思議に落ち着き，次の言葉が出やすくなります。あるいは，「どうせだめだろう」とあきらめの気持ちがあると，行動に移れません。「だめかもしれないと思っているのですが」とあきらめの気持ちを言葉にしたうえで，「とにかく頼んでみるだけ」「ダメもと」と割り切って伝えてみると，「それくらい大丈夫ですよ」という答えが返ってくることもよくあります。「今，ここ」で感じていることを言語化することを，トレーニングでは「気持ちの実況中継」とよんでいます。

3．自他尊重に基づき感情を表現する

感情を表現する際にも，アサーティブネスの土台である，自己尊重・他者尊重を忘れてはいけません。感情を言葉で表現するといっても，相手を攻撃したり，侮辱したりすることはアサーティブの考え方に反します。また，相手を愚かであるとか，悪者であると決めつけるような表現も使うことはできません。そもそも，そういった言葉は「感情的」になった時に使われますが，感情を表している言葉ではありません。たとえば，相手に怒りを感じている時に使われる「馬鹿野郎！」「いい加減にしろ！」などがその例です。「馬鹿野郎！」と叫びたいくらい「腹が立っている」のでしょう。あるいは，自分で自分のことを情けなく感じている時に自分自身に対してぶつける「最低！」や「生きている価値なんてない…」というつぶやきも，マイナスの感情が高まっている時に出てくる言葉ですが，感情を表しているわけではありません。あくまで**自分を尊重し，相手を尊重して「気持ち」を言語化**してください。

2　アサーティブに感情と向き合ううえで，役立つ心理学の話

以上のように，アサーティブネスでは，自分の気持ちに誠実になり，そして，見えてきた気持ちに言葉のラベルを貼るプロセスを経てから，相手に向き合います。そのことによって，感情に振り回されることなく，うまく対処していくことができます。そして，感情を一緒に伝えることで要求の意味がよりわかりやすく伝わる可能性が高くなります。

では次に，自分の感情を扱う際に知っておくと心強い，感情の心理学を紹介しましょう。

1．感情は私たちの役に立っている

先にも触れましたが，「感情」対「理性」という組み合わせをよく目にします。この組み合わせでは，「理性が上で感情が下」，「感情は理性の邪魔をする」，「感情はやっかいなもの」など，今の私たちの社会では感情の価値はどうやら低いようです。他の動物とは異なる存在として，人間を人間らしくするものは「理性」であり，「感情」は動物的で価値の低いもの，あるいは「理性」を邪魔する妨害物として考えられてきました。心理学の中でも20世紀半ばまでは，そのような考え方でした（余語，2010）。しかし，最近の研究では，感情は理性を邪魔するやっかいなものではなく，適応を助ける働きをする有益なものと位置づけられています。まずは，感情の有用性について見ておきましょう。

①「なんとなく」という理由

アサーティブネス・トレーニングで「NOを伝える」というテーマで参加者の方たちに課題を出してもらうと必ずといっていいほどの高確率で出てくるのは，飲み会や旅行への「誘いを断りたい」というものです。いろいろと断わりにくい理由はあるようですが，最もやっかいなのは，「理由がない」という場合です。特に用事があるわけでもなく，体調が悪いわけでもなく，メンバーが嫌いというわけでもない。でもなんとなく気が進まない。そういった場合，断る理由がないから断れない，と諦めてしまいがちです。

でも，体は確実にNOと言っています。「誘ってもらってうれしい」「行きたい」と心から思う時とは，誘われた瞬間の体の反応が異なるものです。「うっ」と体がこわばってはいませんか。これは，NOのサインです。その何とも言えない「いやな感じ」がありながらも，理由がないので断れないまま参加してしまうと，やはり気分がのらず結局無駄な時間を過ごしてしまい「やっぱりやめておくべきだった」という後悔の念でいっぱいになってしまいます。

この「いやな感じ」という感情を無視したがために，誤った選択をしてしまっているのです。**「感情」というのは，その対象に対する自分の中での価値，つまり「好き―嫌い」や「快―不快」といったことの表れであり，それが私たちの意思決定を助けてくれている**のです。そのことを主張しているのが，アントニオ・ダマシオ（Antonio Damasio）によるソマティック・マーカー仮説（somatic marker hypothesis）です。

②「感情」が「理性」を助ける

ソマティック・マーカー仮説は，従来「理性」を妨害するとされてきた「感情」について，その合理的な面を強調します（Damasio, 1994）。ソマティック・マーカーとは「身体信号」といった意味あいです。

ダマシオは，感情の中でも，比較的短時間で変化するものを指す，情動（emotion）に着目しています。心理学や神経生理学などで「感情」を扱う時はいくつかの要素に分けて考えます（Damasio, 1994）。１つ目は，たとえば，心拍数や血圧，発汗などの自律神経における変化や内分泌系，免疫系などの変化です。あるいは，筋肉や姿勢の変化といった骨格の反応もあります。このように身体が「反応している」という情報が脳に伝わるのです。これらは，身体における生理学的な反応です。２つ目は，こういった身体の反応を，「怒り」「不安」「悲しみ」「喜び」などとして私たちが感じることであり，つまり主観的経験です。そして，最後は，表情やしぐさで表現される部分で，行動的な反応です。ダマシオが扱っているのは，このうちの１つ目の身体の生理的反応と２つ目の主観的反応の関係です。アサーティブネスでいう，身体の反応と言語化されたものにあたります。

ダマシオは，脳の中の「前頭前野腹内側部」という箇所を損傷した患者さんを観察していて，この仮説を導き出しました。その部位に損傷を受けた患者さんは，たとえ非常に高い知能をもっていても，合理的な意思決定や行動ができないという，興味深い傾向を見つけたのです。その損傷部位は情動に関わる重要な場所だったのです。**いくら「理性的」であっても，「感情」を欠いていると不合理な選択をしてしまう**ことに気づいたのです。

そこで，ダマシオは，このことを確かめるために，患者さんにカードゲームをやってもらい，健常者との比較実験をしました。２つのカードセットが準備され，どちらかのセットを選び，そのセットからカードを１枚を引きます。実は，カードセットには，①ハイリスク・ハイリターンのセット（HH）と②ローリスク・ローリターンのセット（LL）があり，10回ほど選択を繰りかえすと，最終的には，HHセットだと損をするが，LLセットなら得をするという額に設定してありました。ゲーム中，身体的な情動反応の指標として皮膚電気反射が測定されました。

実験の結果，健常者では，HHセットからカードを引いた結果大きな損害を被る経験を数回した後には，どのカードを引く際にも，強い情動反応が見られました。つまり，欲を出して失敗を経験すると，カードを引く段階になって体が反応するようになったのです。課題を進めるうちに，「セット①はよくない気がする」という予期を口にするようになります（「予期期」）。その段階になるとLLよりもHHからカードを引くことを考える時に情動反応がより強く現れるようになりました。さらに課題が進むと，①は不利であるとはっきりと述べるようになりました。つまり，不利であることを頭でわかる段階（「概念期」）の前に，「なんとなく嫌な気がする」という情動が発生する時期（「予期期」）があり，不利な選択を無意識のうちに回避するようになっていたと考えられます。

これに対して，損傷者は，当然ゲーム中に情動の発生は見られません。しかし，知能には問題はないので，ゲーム終盤では，概念的にセット①は不利であるという理解には達しました。ところが，興味深いことに，理解しているにもかかわらず，まだハイリスクであるセット①を選ぶことをやめなかったのです。つまり，頭で理解していても，感情がないことで，不合理な意思決定を行ってしまうことが示されたのです。

この実験の細部や結果の解釈については議論も続いていますが，「いやな感じ」として身体に起こる反応を脳に伝える信号（ソマティック・マーカー）が，自分がいる状況における危険の存在を伝え，過去の経験から悪い選択肢を削除して，どうすればいいのか，その決定を助けていると考えられています。

③「感情」が知らせてくれること

では，改めて「感情」とは何だと言えるでしょう。厳密にとなると難しいですが，心理学では「人，物，出来事，環境についての評価的な反応」という定義が一般的です。つまり，良い―悪い，安全―危険，有用―有害などの軸に位置づけてものごとを認識することです。ですから，「怒り」「不安」「怖れ」「悲しみ」などネガティブな感情はやっかい視されますが，そういった感情を抱くということは，その対象が好ましくないもの，有害なもの，危険なものであることを認識しているということなのです。**不安や嫌悪といったネガティブな感情は，「それらを回避しなさい」「何らかの対処をしなさい」と私たちに知らせてくれているの**です。

ネガティブな情動が起こると私たちの注意は狭くなるとされています（遠藤，1996）。それは，回避・対処すべきものに対して神経を集中させている，ということなのです。私たちが生活する環境はあまりにも複雑なので，理性的に考えようとしても限界があり，むしろ理性的に考えることで時間や労力がかかりすぎ，適切な答えにたどり着かないことも多々あります。その場で起こった感情に耳を傾け，それに沿った行動をとる方が，はるかに効率的かつ適切な場合が少なくないと説明されています。たとえば，遠藤（1996）は，こういった仕組みを「せっぱ詰まったときの応急措置システム（p. 31）」と名付けています。**感情が起こることで，それに注意が向き，その場に関係ないことから意識を遠ざけ，**

その場に必要なことは何かを組み立てる体制を作ってくれているのです[1)]。

たとえば，不審な人物が向こうから近づいてくる時，「怖れ」という感情は，今何をすべきなのか，短時間で優先順位を知らせてくれます。おそらく，「化粧を直す」とか，「スマホでしゃべり続ける」というよりは，「逃げる」という行動になるでしょう。「怒り」の感情は，何かを正す必要性を知らせているのかもしれません。あるいは自分の何かを守るべきだと教えてくれているのです。「悲しみ」はどれだけ大切に思っていたかを，「疲労感」は今はゆっくりするべきであることを，「不安」は慎重に考える必要性を，「妬み」は自分に足りないものがあることを，「嫉妬」は自分が何を大切にしているかを，それぞれ教えてくれているのかもしれません。ネガティブな感情は向き合いたくないものなので，見て見ぬふりをしたくなりますが，大事なことを知らせてくれている信号であることを心に留めておいてください。

④「感情」が人々の相互作用を引き出す

意思決定を助けるということ以外にも，感情は，私たちが生活している共同体をうまく機能させるために役立ってきたという議論もあります（遠藤，1996）。

人は他者と共に生きる「社会的存在」であり，共同体の中で生きています。動物の多くは生後まもなく自らで立ち上がり，生まれながらにして，あるいは，生まれて間もなく生きる術を発揮できるのに対して，ヒトは他の動物に比べてはるかに未熟な状態で生まれてきます。たとえば，子馬は生後1時間程度で立ち上がり，起立した後ふらつきながらも母馬の乳房を探し求め，生後約2時間で初乳を摂取するそうです。ヒトが自らの足で立ち，動き回れるようになるまでにかかる時間とは比べものに

1）逆に，ポジティブ感情は拡散的に働き，独創的な思考や柔軟で包括的な考え方を促進して，そのことによって，個人の思考や行動のレパートリーを拡張してくれると考えられています（大竹，2010を参照）。

なりません。自ら動き，食料を得て，食べることができるようになるまで，ヒトは生後かなり長い時間にわたって他者からの助けを必要とします。そして，そのためには助ける側の大人同士も互いに協働する必要があります。その意味で，人にとってお互いさま精神で協力することが不可欠であり，人とは群れあるいは共同体を必要としている存在なのです。

ロバート・トリヴァース（Robert Trivers）は，こういった**共同体がうまく機能するために，感情が大きな役割を果たしている**と考えました（Trivers, 1985）。たとえば，「感謝」の気持ちは「お互いさま」を促進させます。また，逆に「罪悪感」や「羞恥心」，つまり「悪いな」「申し訳ない」「恥ずかしい」といった感情は，利己的な行動や秩序を乱す行動を抑制します。今は狡いことや恥ずべきことをして利己的に振る舞った方が得であるとしても，これらの感情が生じることで自分勝手な行為が抑制されていきます。そして今後の相手との関係を好ましいものにし，「お互いさま」という形で自分も得をするような行動に向かわせます。その意味において，感情を抱くことは共同体で生活する私たちにとっては適応的だと言えます。

さらに，こういった感情を相手に伝えることによって，たとえば何かまずい行為をすでに行ってしまっても，相手から許しを得ることになり，そのことによってその共同体で生き続けることが可能になります。あるいは，「悲しみ」を示すことで，相手からは「保護」を引き出すこともできます。つまり，感情は，相手に伝えることで，社会的な存在としての私たちを大いに助けてくれるものなのです。

以上のように心理学から言えることは，感情は生物的・社会的存在である私たちにとって，非常に有用な反応だということです。ネガティブな感情であっても，私たちの役に立っているものとして位置づけると，少し受け止めやすく，眺めやすくなるのではないでしょうか。

コラム① 気持ちの予測は強めになる～感情のインパクト・バイアス

苦手な人と交渉をしなければならない時など，当日はどんなひどい気分になるかと思っていたけど，案外そうでもなかったという経験はないでしょうか。一般的に，私たちが将来の感情を予測する場合，実際よりも感情の影響を強く，長く見積もってしまうという傾向があります（Wilson & Gilbert, 2003）。このバイアスは実験などではかなり安定して見られる傾向であり，よく生じるものです。ネガティブな感情であれば，より強く予想することで，その結果を回避するよう努力することができたり，事前に覚悟をしておけたりします。

ポジティブな感情であればどうでしょう。試験に合格したらどんなにうれしいだろうと思っていたけど，いざ合格してみると，うれしいにはうれしいのですが，結構さばさばしていたという経験もあるでしょう。当日それほどうれしくないなら，好ましい傾向ではないようにも思えますが，ポジティブな感情を強めに予測すれば，それまでに過ごす間も，幸せな気分を強く感じられるわけですから，ある意味，そうでない場合よりも得だと言えます。モチベーションも高まりその時に向けて備えることもできます。

つまり，プラスでもマイナスでも，将来の感情を強めに予測することで，その日に向かって自分の行動を調整すること，いわゆる「自己制御」をすることができるという意味で，私たちの役に立っていると言えます。やはり，感情には耳を傾けておく方がいいようです。ただ，特にネガティブな感情については，その時になれば，今予想するほどひどくはないかもしれない，ということも心にとめておきましょう。

2．感情とは身体的反応に対する言葉のラベルである

エピネフリンという物質は交感神経を活性化させます。心拍数や血圧があがるなど，感情を抱く時に伴う身体的反応を起こします。ところが，実際にはそのような反応だけでは人々は何の感情も体験しません。それは身体的反応の理由が定かではないからであり，それを名づけることができないためではないかと考えられました（Russell, 1927）。つまり，私たちは，**身体の反応に対して言葉でラベルを貼ることによって，はじめて感情として主観的に経験できる**のではないかと考えられたのです。

この考え方に沿って，身体的反応に対して間違ったラベルを貼ってしまうことで，間違った感情を抱くこともあり得ると考え，実験が行われました（Dutton & Aron, 1974）。「吊り橋実験」として有名なものです。不安定で渡るのが怖くドキドキしてしまうような吊り橋と，丈夫で安全な橋の２つの場所で実験を行いました。いずれの場合も，参加者が橋を渡りきったところで，スタッフである魅力的な人に話しかけられ，そして連絡先を書いた紙が渡されます。参加者がそのスタッフに好意をもって，後日その人に連絡をするかどうかが調べられました。結果，丈夫で安全な橋を渡った参加者に比べて，怖い吊り橋を渡った参加者の方が，連絡した率が高いという結果になりました。どうしてこういう結果になったのでしょうか。

ほんとうは吊り橋の怖さのせいで生じた「胸の高まり」という神経生理的変化を，目の前の魅力的な人によるものと勘違いしてしまい，その「胸の高まり」に「好き」という言葉のラベルを誤って貼り付けたためであると解釈されています。つまり，一種の錯覚であり，「情動の錯誤帰属（misattribution of emotion）」とよばれています。帰属とは，理由を推測する心の動き，簡単に言うと「～のせいにする」ことを指します。

この実験結果は，「情動二要因説（two factor theory of emotion）」（Schachter & Singer, 1962）を支持する証拠とされています。それは，私たちは身体に生じた生理的変化そのもので感情を感じているのではなく，その生理的変化がなぜ起こったのか，その状況に存在する可能な理由を探し，それに応じて感情を感じるという考え方です。つまり，情動は，身体的反応と，その理由に関する認知という２つの要因から成立すると考えられているのです。

このような実験結果から，どのラベルを貼るかが，私たちの感情体験にとって重要であることがわかります。にもかかわらず，私たちは，**自分の体に生じた生理的反応にラベルの貼り間違いをしている可能性もある**ということです。だからこそ，いったん貼ったラベルを眺め直したり，いろいろなラベルを試したりすることが必要です。今貼っているラベルは実は間違いかもしれないですし，あるいは，間違いではないとしても，他のラベルも可能なのかもしれないからです。そのためには，気持ちの言葉は豊富にもっておくことが必要です。「うざい」というラベルしか持っていないと，あらゆるものが「うざく」なってしまいます。感情を表すボキャブラリーを増やし，自分の身体に起きている反応に丁寧に言葉をつけてみると，意外な気持ちが見えてくるかもしれません。

ただし，注意すべき点は，ある感情を感じている時には，その感情と一致する記憶を想起しやすい傾向にあるとされているため（気分一致効果（mood congruent effect），Bower, 1981），特に，ネガティブな感情を体験している時には，ネガティブな出来事を次々と思い出すことになりますから，その結果，ネガティブなラベルばかり思いつく可能性もあります。気分一致効果は，ポジティブな感情の方が強く表れるということですから（伊藤，2000），それほど心配はないのかもしれませんが，たとえば，抑うつ傾向の高い人など，ネガティブ経験を思い出しやすい性格特性の人もいるとのことですから（Llord & Lishman, 1975），自分がもっているくせに気づき，日ごろからポジティブな感情のラベルをいろいろ準備しておくといいでしょう。

3．感情のコントロールには良し悪しがある

私たちの社会では，一般的には感情は好ましくないものという位置づけからか，感情は抑えた方がいいとされています。たとえば，人前でスピーチをするとか，誰かに頼みごとをするとか，大事な試合を控えているといった場面では，不安感や緊張感は低い方がいいと思う方は多いでしょう。心理学には「不安」「抑うつ」，そして「怒り」などのネガティブな感情が高まりすぎないように，身体の反応を抑えるための治療も数多くあります。

ただし，それもあくまで不安，緊張，怒りなどによって，通常の生活を送るのに何か支障をきたしている場合に限って，適正レベルに戻すた

めのコントロールが試みられるもので，感情を完全に消去することを目指すものではありません。むしろ逆に，感情の麻痺は問題のある状態とされます。心理学での治療はあくまで，**過剰な身体的反応を意図的に抑えることが目的で，基本的には感情は必要なもの**と考えられています。

では，何らかの身体的反応が生じている場合はどうでしょうか。特にネガティブな感情の場合，好ましい人間関係のためには感情は抑えた方がいいという考え方はおなじみのものです。怒りや悲しみ，不安を表出することで人を傷つけてしまったり，関係が壊れてしまったりするような状況は避けなければならない，という考え方です。

しかし，心理学では，プライベートな関係においても，職業上の人間関係においても，感情をコントロールすることは好ましくないとする研究も数多くあります。感情抑制の好ましくない面と必要とされる面，何か区別があるのでしょうか。ここでは，感情をコントロールすることの良し悪しについて考えてみましょう。

①「卒業式」には悲しくなる？

「卒業式で泣けない私はおかしいのでしょうか」「卒業式に泣ける，〇〇ちゃんはいいなぁ」。有本（2012）は，こういったインターネット上での生徒たちの書き込みを取り上げ，卒業式では「悲しみ泣くもの」というルール，「涙の方程式」があることを指摘しています。稲場（2012）も，やはり卒業式を題材に，みんなと一緒に泣くことの意味について分析を加えています。これらは言わば，学校という文化の中にある，感情に関する要請と言えます。

感情というのは内面のことなので，とても個人的なことのように思えます。しかし，感情には社会文化的な要素が思いの外大きいものです。**どんな感情があるのか，感じていいのか，感じるべきなのか，どう表出すればいいのかなどは，社会文化的に定められている部分が数多くある**のです。誰かが自分の持ち物を勝手に使った時に「怒り」を感じていいのか，いけないのか，自分の子どもが学校で先生に注意された時に「怒る」のか「悲しむ」のか「恥ずかしい」と感じるのか，どのくらいなら親の介護を「辛い」と思ってもいいのか，みんなが楽しそうにしている時に，自分は「楽しい」と感じないのはおかしいのか，といったことです。

このようにどの状況で，何に対して，どのように感じるべきで，どのように感じるべきではないか，といった感じ方そのもの，そして何をどのように表現するべきであり，するべきでないのかといった伝え方に関する社会的ルールに私たちは日々従っていると言えます。感情とはあくまで社会的に作られるという考え方は，感情の「社会的構成（築）主義（social constructionism）」とよばれています（Gergen, 1994）。

②感情をマネジメントする

私たちの社会では，感情は自然のままではいけないとされています。赤ちゃんでない限り，社会からの要請あるいは強制に従って人々は自分の感情をコントロールしています。そんな現状を理解するために「感情マネジメント（emotional management）」という概念が提案されました。**「感じている感情」と「感じるべき感情」のズレを修正し，前者を後者に合わせる努力をすること**を指します。この概念はアメリカの社会学者であるアーリー・ホックシールド（Arlie Hochschild）による『管理される心（Hochschild, 1983）』という著作から広まりました。

ホックシールドが研究したのは，フライト・アテンダントの接客教育です。ややこしい乗客や面倒なクレームに対しても怒ることなく，笑顔で対応できるように徹底した研修が行われていることを分析しました。そして，そこで見出された傾向は，フライト・アテンダントという特定の職業に限ったことではなく，多くのサービス業，さらに福祉，医療，教育など幅広い領域でも，当てはまることなのです。現代社会では，多くの職業がサービス精神を求められ，多かれ少なかれ，「適切な」感情を感じるように強いられています。ホックシールドは「感情労働（emotional labor）」という概念を使って，現代社会の１つの特徴としてその危険性を指摘しました。**感情労働による負担は，肉体労働による負担と**

同様に，それが過剰となれば，過労状態となり心身に問題が生じます。自分が抱いている感情を社会的要請に応じて抑圧することで，バーンアウトを引き起こしたり，感情自体を抱かなくなったりしてしまうと，ホックシールドは警告したのです。

社会的にマネジメントを要請されるのは，特に，「怒り」「悲しみ」「妬み」「憎しみ」「不安」などネガティブな感情です。自分のものであっても，他者のものであっても扱いに戸惑う場合が少なくなく，今の社会では，感情を見せないように互いに気を使いあう傾向が強い，あるいは，強すぎるという指摘は数多くあります。親しい関係でも涙を見せると相手が困るだろうから心配をかけないよう明るくふるまうとか（たとえば，大平，1995），親友の言動に腹が立った時でもへらへら笑うことで対処する（岡林，2005）といった傾向です。岡田（2007）は，互いに傷つけあわないように相手に気を使い，相手から低い評価を受けないよう警戒するような関係を「現代的友人関係」として，特別ではなく一般的に見られる関係の在り方と位置づけています。

こういった感情マネジメントの良し悪しを考えるために，２つのレベルでのマネジメントを区別しておきましょう。

③感情は認めるけど，表には出さない〜表層演技

「悲しんでいる」ということを自分で受け止めながらも，涙は見せない，激しい怒りを感じつつも冷静にふるまう，相手の言動に不快感を抱きながらも愛想笑いをしてやり過ごす。このような状況は，感情の抑え方として，一般的にイメージされているものに近いかと思います。これらの例では，身体的反応を受け止め，自分でも感情として経験しているうえで，それをどのように表出するかという時点でコントロールしているわけです。ホックシールドはこれを「表層演技（surface acting)」とよんでいます。**実際には自分が感じていることとは別の，実際には感じていない感情を表出するやり方**を指します。「腹を立てているが，楽しそうに笑う」などです。

④身体が反応しているのに感情を認めない～深層演技

表層演技に対して，**何らかの身体反応があるにもかかわらず表出したい感情にあわせて感情経験そのものを抑えるやり方**は「深層演技（deep acting）」とよばれています。社会的に認められていない感情を感じないあるいは感じないよう努める場合です。経験している感情とは異なるラベルを貼ろうとする場合と，身体の反応を認めない，つまり，ラベルを一切貼ろうしない場合があります。

前者の例としては，先に見たような，卒業式で涙を流すことに違和感や苛立ちがあっても，それを認めず，「悲しみ」を無理矢理感じようとする場合です。あるいは，友人が昇進した時に，「妬んでしまう」など心の狭いことはあってはならず「喜んでいる」と思うようにする，アドバイスをもらったんだから「腹をたてる」のではなく「ありがたい」と思おうと努めるなどです。後者の例としては，専業主婦として「幸せな生活」を送っているはずなんだから「空しさ」を感じることはぜいたくであり，「そんなこと感じてはいけない。気のせいだ」と自分に言い聞かせるとか，一人前の男としてはつらくて泣きだしたくなるなどあり得ない話で，「自分はまったく平気だ」と思いこむなどです。こういう状況だからこういう感情をもつべき・もつべきでないという思い込みは，結構ありそうです。

こういった場合，難しいかもしれませんが社会からの要請をいったん脇においてみることが必要で，ほんとうに自分はどう感じているのだろうと見直してみると，自分の中の新たな感情を見つけることができるかもしれません。この種の感情マネジメントは，身体反応を低減するとか，気持ちを外に出さないといったものと比べると一般にはあまりイメージされていない部分かもしれませんが，実は私たちがよく行っていることであり，心理学では，多くの研究者がさまざまな形で問題視しているコントロールなのです。

⑤感情マネジメントの弊害

身体的反応が生じている状況で，それを無視する，抑圧する，忘れようとするなど，何らかのコントロールを行うことは，全般的に言って好ましくないというのが，多くの研究者の主張です。

まず，表層演技に関しては，その弊害は比較的一貫して報告されています。これまでの研究をまとめた報告によると（Zapf, 2002），**表層演技の場合，感じていることと表出すべき感情のズレ「感情的不協和（emotional dissonance）」がバーンアウトに繋がっている**という結果は，多くのケースで見られるようです。

ところが面白いことに，表層演技をしていても，たとえば精神的健康や職業的満足感が損なわれない，それどころか時にはむしろ高揚する場合があることが見出されてきました。それは，自律性の高い役割や職務に就いている場合です。たとえば，仕事のやり方やスケジュールについて自己決定権・自己裁量権があるといったことです。逆に言えば，こういったことがなく，誰かの指示に従うしかない人たちにとって表層演技は悪影響を及ぼすということです（久保，2011）。この結果を受けて，現代社会ではサービスの向上のために表層演技は不可欠のものであるとするならば，職務の自律性を高めることでその弊害を緩和しようという考え方もでてきているようです（その議論については，渋谷（2003）を参照のこと）。

これに対して**深層演技の影響については複雑で，今のところ結論がでていません**（久保，2011）。深層演技のうち，たとえば，「心からあらゆるクライエントを好きになり」「無理なく笑顔で誠心誠意接する」といったことがほんとうに可能なのであれば，相手に好印象を与え高い評価を得ることもできますし，達成感や自己評価も高まるため問題はない，というとらえ方もあります。しかし，ホックシールドは，「演技であることも理解できていない」深層演技者こそが危険であると警告をしています。今後の研究が待たれる領域です。

これに対して，**身体の反応があるにもかかわらず，ラベルを貼ろうとしない，自分で認めようとしないといった抑え方は問題視**されています。特定の対象についての思考を意識から追い出そうと努力する過程を「思考抑制」と言います。たとえば，自分に起こった不快な出来事，ショックだった出来事，気になっていることなどを考えないようにしようとすることです。ところが，考えないように抑え込むほど，かえっていつまでも頭に思い浮かんでしまうものだとされています。ダニエル・ウェグナー（Daniel Wegner）は，そのことを「シロクマと禁じられた思考」として，述べています（Wegner, 1994）。シロクマについて考えないようにと言われるとついついシロクマについて考えてしまうのです。人は，問題を解決したいという基本的欲求をもっており，未解決な問題や未完了の課題は，心に緊張感をもたらし，その分，より記憶に残りやすいと言われています。この現象はいわゆる「中断効果」であり，提唱者の名前をとって「ツァイガルニク効果（Zeigarnik effect）」とよばれていますが，このことが感情の言語化についても当てはまるということです。

ジェームス・ペネベーカー（James Pennebaker）は，人は実は気になっていることを考えないようにすると，他のつまらないことに専念しようとしてしまい，より低次の思考となったり，あるいは，嗜癖行動に走ることになると指摘しています（Pennebaker, 1997）。ペネベーカーによると，心の傷になるような経験をした時，その経験そのものが心身の健康に影響を及ぼすのではなく，その経験によって生じた感情や思考を他者に開示することなく抑えること（制止）が心身の健康を悪化させるのです。具体的には，免疫機能の低下，血圧の上昇，抑うつ的傾向が生じます。たとえ，ネガティブな感情経験の抑制はできても，自律神経系の興奮はかえって高まってしまうことが，いくつもの実験や調査から実証されています。つまり，**ラベルを貼らないままにしていると，かえって身体的反応は強くなっていく**のです。

アサーティブネス・トレーニングで「気持ちの実況中継」を行うのは，この「中断効果」を予防する１つの方法と言えます。不安や恐れをさっさと言葉にして表現してしまうことで，それ以上考えずにすむようになります。感情の言語化は自分自身の不安への対処にもなるのです。

では，最後に，感情の言語化の有効性を示す研究を見ておきましょう。

⑥感情を言語化することの有効性

ペネベーカーは，感情を抑えることの悪影響を低減する方法を研究し，感情体験の言語化を推奨しています（Pennebaker, 1997）。人に聞いてもらう，紙に書きだすなどして感情を言葉で表現してしまうと，すっきりとして，それ以上考え悩むことがなくなることが各種の実験からわかっています。不快な出来事を思い起こすその時は，辛いかもしれないですが，**いったん言語化してしまうと，その後その出来事から解放され**，たとえば免疫機能が上昇するという結果も報告されています。

中でも，ペネベーカーは特に筆記を薦めています。荒井・湯川（2006）も，怒り経験を毎日書き出すことによって，嫌な経験を何度も反すうして考えてしまう傾向が低減することを実証しています。怒り体験を筆記によって開示すると怒り傾向や血圧が低減するとされています。また，日常生活における人との葛藤経験の筆記は問題行動を減少させたり，好ましい形での葛藤の解決を増加させるという報告もあります（Lepore & Smyth, 2002）。筆記の効果についてまとめた報告によると（Harris, 2006），臨床的な問題を抱えている人にはあまり効果はないですが，特にそういった問題のない心理的に健康な人ほど，筆記による効果は高く，ストレスとなっている経験を書くことが心身の健康にプラスに働くようです。

ペネベーカーによると，筆記の際には，何が起こったのかという客観的な経験とそれについて感じたことの両方を探求することがポイントとされています（Pennebaker, 1997，コラム② p. 73参照）。つまり，アサーティブネスで言う「事実・問題」と「感情」です。書きだすことで心身の健康が改善されるメカニズムとしては，抑圧している感情を言葉にすることで得られるカタルシスが考えられますが，それだけではなく，**感情を言語化することでその経験の洞察が進み，「認知的再評価（cognitive appraisal）」により理解が進むこと**によると考えられています。認知的再評価とは，不快感情をもたらしたネガティブな事象について考え，新たな意味を見出したり，よりポジティブな解釈を加えようとする行為を指します。たとえば，失恋の悲しみをあえて言語化することで，辛いだけだった経験が，意味のあるものとしてとらえることができたり，今まで忘れていた出来事を思い出したりする過程で，この体験が自分を成長させてくれると考えられるようになるということがあります。実験によると，感情を抑えると自律神経の興奮が起こるのに対して，**認知的再評価をすると不快感情を低減できる**とされています（Gross, 1998)。

心理学では，古くから，はっきりしないものをはっきりさせることによる効果は繰り返し提唱されてきました。フロイトによる精神分析学も，無意識を意識化することで治療を行うという考え方であり，感情の言語化と似たアプローチと言えます。1980年代後半に登場した，ナラティブ・セラピーも「語り」に焦点を当てており，言葉で語ることによる洞察を重視しています。心身の健康にとって心の内面を言語化することの有効性は心理学において繰り返し活用されてきていると言えます。漠然と問題に悩んでいるところから一歩先に進むためには，有用な作業と言えます。

ここで，感情のコントロールの良し悪しについて整理しましょう。

①身体的反応を適切なレベルに低減させることは有効である。

②いったん身体的反応が生じた場合には，それをわかりやすいものにすること（感情の言語化）が必要で，それを回避するようなコントロールの仕方は悪影響を与える可能性が高い。

③身体的な反応を認めてはいるが，その表出を抑えることは，選択肢の１つとしてであれば，有効である，あるいは悪影響はないが，そうでない場合にはバーンアウトや抑うつに繋がる危険性が高い。

アサーティブネスは，このうちの②および③に使える道具です。要求や提案を相手に伝える前に，自分の気持ちに誠実に向き合い，その感情を言語化してみてください。その際に気をつけることとして，コラム②を参考にしてください。

問題だと思うことに対する感情や，あるいは今相手と向きあっていることについての感情を言葉にのせてください。そのうえで，**それを相手**

に伝えるのか，伝えないかは，自ら主体的に決定すればいいことなのです。自ら選んでの感情マネジメントであれば悪影響は少ないと考えられます。

コラム②　感情体験の筆記におけるポイント

ペネベーカーによると，感情体験の筆記が効果をもたらすためには，以下のような点に留意する必要があります（Pennebaker，1997）。

① 筆記を誰かへの不満のはけ口という時間にしていると効果はない。

むやみに怒りを吐き出すとますます怒りが募ってくることは，多数の実験が証明しています。もし自分自身よりも他人に焦点を当てて筆記していることに気づいたら，不満のはけ口となっている可能性が高いでしょう。以下のことを振り返ってみることが必要です。

なぜそのように他人に焦点を当ててしまうのか
相手の行為はなぜあなたを不愉快にさせるのか
自分の情動や出来事は自分にとってどんな意味があるのか

また，筆記はあくまで，自分を振り返るためのものであって，自己陶酔のため，知的欲求の満足のためなどにやっても効果はありません。アサーティブネスで言えば，「自分に誠実に向き合う」姿勢で書き出すということでしょう。

② 客観的な出来事とそれに対する感情の両方を書く。

筆記を進めていくと出来事の記述は次第に要約されていき，見通しが少しずつ変化していくという現象が認められます。つまり，言葉にすることによって認知的再評価が進み，問題を巡る状況が整理され，洞察を得ていくのです。単に，感情を告白するだけでは効果がないことが確かめられています。

アサーティブネス・トレーニングで，ロールプレイのための課題整理の際に行っているのがまさにこのことです。それは，自分に誠実に向き合い，自分の感情や要求について認知的再評価を行っているプロセスと言えます。

この章のまとめ

心理学でわかっていること

感情は私たちの役に立っている
感情とは，身体的反応に貼る言葉のラベルである
やり方によっては，感情を抑えることは好ましくない

アサーティブネスにおけるポイント

目をそらさず自分の感情に向き合おう
感情にどんな言葉でラベルを貼るか，考える時間をとろう
自他を尊重して感情を言葉で表現しよう

引用文献

荒井崇史・湯川進太郎（2006）．言語化による怒りの制御　カウンセリング研究，*39*，1-10.

有本真紀（2012）．「感情の共同体」の創出―明治期における小学校卒業式の変容　北澤毅（編）文化としての涙―感情経験の社会学的探究（pp. 158-188）勁草書房

Bower, G. H. (1981). Mood and memory. *American Psychologist, 36*, 129-148.

Damasio, A. R. (1994). *Descartes' error: Emotion, reason, and the human brain.* New York: Putnam Publishing.
（ダマシオ，A. R.　田中三彦（訳）（2010）．デカルトの誤り―情動，理性，人間の脳　筑摩書房）

Dutton, D. G., & Aron, A. P. (1974). Some evidence for heightened sexual attraction under conditions of high anxiety. *Journal of Personality and Social Psychology, 30*, 510-517.

遠藤利彦（1996）．喜怒哀楽の起源―情動の進化論・文化論　岩波書店

Gergen, K. J. (1994). *Realities and relationships : Soundings in social construction.* Cambridge, MA: Harvard University Press.
（ガーゲン，K. J.　永田素彦・深尾誠（訳）（2004）．社会構成主義の理論と実践―関係性が現実をつくる　ナカニシヤ出版）

Gross, J. J. (1998). Antecedent- and response-focused emotion regulation: Divergent consequences for experience, expression, and physiology. *Journal of Personality and Social Psychology, 74*, 224-237.

Harris, A. H. S. (2006). Does expressive writing reduce health care utilization?

A meta-analysis of randomized trials. *Journal of Consultng and Clinical Psychology, 74*, 243-252.
Hochschild, A. R. (1983). *The managed heart: Commercialization of human feeling.* Berkeley, CA: University of California Press.
(ホックシールド, A. R.　石川准・室伏亜希（訳）(2000). 管理される心―感情が商品になるとき　世界思想社)
稲場浩一（2012).「涙の共同体」としての『3年B組金八先生』―卒業式における「集合的な泣き」の分析　北澤毅（編）文化としての涙―感情経験の社会学的探究（pp. 134-157）勁草書房
伊藤美加（2000). 気分一致効果をめぐる諸問題―気分状態と感情特性　心理学評論, *43*, 368-386.
久保真人（2011). 感情労働―商品化される感情―　久保真人（編）感情マネジメントと癒しの心理学（pp. 69-85）朝倉書店
Lepore, S. J., & Smyth, J. M. (Eds.) (2002). *The writing cure: How expressive writing promotes health and emotional well-being.* Washington, DC: American Psychological Association.
(レポーレ, S. J., & スミス, J. M.（編）余語真夫・佐藤健二・河野和明・大平英樹・湯川進太郎（監訳）(2004). 筆記療法―トラウマやストレスの筆記による心身健康の増進　北大路書房)
Llord, G. G., & Lishman, W. A. (1975). Effect of depression on speed of recall of pleasant and unpleasant experiences. *Psychological Medicine, 5*, 173-180.
岡林春雄（2005). 親友という他者：現代若者の人間関係　教育実践学研究, *10*, 41-50.
岡田努（2007). 大学生における友人関係の類型と, 適応及び自己の諸側面の発達の関連について　パーソナリティ研究, *15*, 135-148.
大平健（1995). やさしさの精神病理　岩波書店
大竹恵子（2010). 感情と健康　大平英樹（編）感情心理学・入門（pp. 199-223）有斐閣
Pennebaker, J. W. (1997). *Opening up: The healing power of expressing emotions.* New York: Guilford Press.
(ペネベーガー, J. W. 余語真夫（監訳）(2000). オープニングアップ―秘密の告白と心身の健康　北大路書房)
Russell, B. (1927). *An outline of Philosophy.* London: Allen & Unwin.
Schachter, S., & Singer, J. (1962). Cognitive, social, and physiological determi-

nants of emotional state. *Psychological Review, 69*, 379-399.
渋谷望（2003）．魂の労働―ネオリベラリズムの権力論　青土社
Trivers, R. (1985). *Social evolution.* Menlo Park, CA: The Benjamin Cummings Publishing.
（トリヴァース，R.　中嶋康裕・福井康雄・原田泰志（訳）(1991)．生物の社会進化　産業図書）
余語真夫（2010）．感情の機能　大平英樹（編）　感情心理学・入門（pp. 53-70）　有斐閣
Wegner, D. M. (1994). Ironic processes of mental control. *Psychological Review, 101*, 34-52.
Wilson, T. D., & Gilbert, D. T. (2003). Affective forecasting. In M. P. Zanna (Ed.), *Advances in Experimental Social Psychology, 35*, 345-411. San Diego, CA: Elsevier Academic Press.
Zapf, D. (2002). Emotion work and psychological well-being: A review of the literature and some conceptual considerations. *Human Resource Management Review, 12*, 237-268.

第4章
自分の想いを伝える

自分の気持ちや考え，希望や要求が相手になかなか伝わらない――これには，少なくとも3つのパターンがあります。そもそもきちんと伝えてない場合，相手が聞いていない場合，こちらは伝えているつもりだけど，何が言いたいのだか相手はあまりよくわかっていない場合の3つが考えられます。自分からのメッセージが相手に届かないことには，話し合いは始まりません。アサーティブネスの柱や土台を心にとめながら，自分の想いが相手に伝わるように伝えるためのコツを紹介したうえで，それらを実行する際に知っておくと役立つ心理学を見ていきましょう。

1 アサーティブネスにおける想いの伝え方のポイント

1．言葉にして，伝える

気になっている問題や不満がある時に，誰かが言い出してくれるのを待っていたり，誰も何も言い出してくれないことにがっかりしたり，腹を立てたりすることはありませんか。アサーティブネスでは，何かが解決されることを望むのなら，まずその第一歩を自分で踏み出そうというのが，基本的なスタンスです。勇気をもって，まず自分の想いを伝えることです。**発信する責任を自分でとります。**

第1章で紹介した，野菜を送ってくれる叔母さんへの「わかってくれない」「なんて鈍感なんだろう」というBさんのイライラした状態はなぜ起きているのでしょうか。もちろん，叔母さんからの大量の野菜のせいではあるのですが，Bさんは野菜を受け取っているわけですから，叔母さんはBさんの気持ちなどわかるはずがありません。Bさんは叔母さんに何も伝えていないのですから。相手への非難が見える点では，実は，第1章で見た「攻撃型」のコミュニケーションです。

あるいは，自分が所属しているグループで，何かというといろんな仕事が回ってきて手一杯になっている時，「なぜこんなに大変だってことを誰もわかってくれないんだろう」という辛さや怒りを抱いている人がいます。その問いへの答えは，「なぜなら，伝えていないから」です。これは「受身型」のコミュニケーションです。

「相手のやり方に腹を立てていることがわかるように，つんけんしている」「書類の字があまりにひどくて，ため息をついている」「買い物を頼まれた時は，嫌だとわかるように，しぶしぶ引き受けている」など，相手に気づかせようと態度で示すということを私たちは日常でよくやります。これは「率直」ではありません。「操作型」のコミュニケーションです。

アサーティブネスの考えに沿えば，**態度ではなく言葉で，しかも簡潔な言葉で，相手の想いも尊重しながら表現する**ことが求められます。自分にとって大事なことなのであれば，黙っていないで言葉にすること。仕事を頼んだ人が何も言わず引き受けてくれたら，「大丈夫なんだ」と思うのが普通です。「誰からもクレームはないよ。だから問題はない」と思うのはある意味正しいのです。言わないということは言わなくてもいい程度のこと，と解釈されてしまいます。ぶすっとした表情から何だか機嫌が悪いことは伝わるかもしれませんが，何をどうするべきなのか相手にわかるはずはありません。

もし，相手が聞いてくれないのであれば，自分にとって大事なことなのですから，相手に聞いてもらえるような状況を作りましょう。テレビや新聞を見ている人はこちらには注意を向けてはくれません。廊下を忙しく足早に歩いている人には，聞いている余裕はありません。そんな場合には，まず「聞いてほしいことがある」ことを伝えましょう。そして，

「今見ている番組が終わったら」「今日の仕事が終わった時にオフィスで」などを提案してみてください。**聞いてもらえる時に聞いてもらえる状況を作り，落ち着いて自分の想いを伝えましょう**。

繰り返し，自分のポイントに立ち戻ることも大事です。お願いしたいことは，一度断られたら，そうですかと引き下がる程度のことなのでしょうか。大事なことであれば，もう１度，伝えてみましょう。

聴いてくれない人を相手にするのはエネルギーが要ることも多々あります。しかし，だからといって伝えないとすれば，自分で言わないと決めたことなので，問題が解決しなくても，状況が改善されなくても，それは自分の責任です。大変であっても前進するそのエネルギーは自分のためのものです。自分の想いにふたをして自分に不誠実になることは，自分の「内なる力」を蝕むことになると，ディクソンは警告しています(Dickson, 2004)。**黙るという選択肢は一見エネルギーを保存しているようで，逆に消費してしまっている**こともあるのです。

2．具体的に，客観的に整理する

勇気を出して，何度か伝えてみたけれどどうも伝わっていないということもよくあります。アサーティブネス・トレーニングの講座でも，「もう何度も言っています。でも何も変わらないんです」「もうこれ以上言っても無駄だと思います」といった怒りやあきらめに囚われてしまっている参加者の方がおられます。もちろん，自分の想いは相手に伝わっているけれども相手はそれに賛同しないという可能性はあります。先にも述べたように，自分と相手の価値観の違い，好みの違い，習慣の違いなどがありますから，伝えたからといって問題がすべて必ず解決するわけではありません。相手には断る権利があります。

しかし，そこまでに至らず，実は伝わっていないというケースも案外多くあります。それには，２つの理由が考えられます。

１つは，自分でも目の前にある問題をうまく整理できていなかったり，ほんとうは相手にどうしてほしいのか，自分がどうしたいのかが整理できていない場合です。自分でもよくわかっていないことは，相手にはもちろんわかるはずはありません。もう１つの理由は，自分が今問題だと思う現状について相手が同意できない場合です。それぞれ，具体的にはどういう場合なのか，どうすればいいのかを説明しましょう。

①自分でも整理できていない

前章で，まずは自分の感情に向き合い，それを言葉で表現するというポイントを紹介しました。相手に伝えるべきことは，感情だけではありません。他にもあります。今どうなっているのか，何が問題だと自分は感じているのか，いわゆる「事実・問題」です。そして，問題だと感じていることが，どうなってほしいのかという「要求」です。あるいは，どうすればいいと思うのかという「提案」です。これら**「事実・問題」「感情」「要求・提案」という３つの要素について整理をしてみる必要**があります（表４-１）。

第３章でも述べましたが，「要求・提案」についても，やはり相手に向き合う前に，まずは自分に向き合います。そして，ここでもアサーティブネスの柱に基づきます。まずは，「誠実」に。ほんとうは自分はどうなってほしいと思っているのだろうか，を自分に問います。

そして，「誠実」の柱に沿って，自分の気持ちと要求・提案が見えてきたら，次は「率直」です。たとえば，友だちから「今度の週末みんなで旅行に行こう」と誘われました。でも，あなたは誘われて，答えに詰

表４-１　何を伝えるのか，３つの要素

要素	内　　容
事実・問題	これまでどんなことがあったか 現在どんな状況なのか 何が問題なのか
感情	事実や問題についてどのように感じてきたのか たった今，どう感じているのか
要求・提案	何がどう変わってほしいのか 何をどうするようになればいいと思うのか

まってしまいました。あなたは今大事な仕事を抱えていて週末の時間がとられると仕事に影響するのではと少し不安を感じている，ということが自分でわかりました。でも，せっかく計画してくれた友だちに申し訳ないとか，友だちより仕事が大事なように思われてしまうかもなど，いろいろな心配が思い浮かぶと，ついつい言い訳を並べてしまいがちです。「今回は旅行はやめておく」ということをはっきり伝えないまま，言葉を濁していると，言い訳を聞いていた相手が「ってことは，参加しないってことね」と代弁するはめになったりします。場合によっては，断りにくそうにしているあなたを見て，「忙しい時に無理に誘ってしまって悪かったかも」など，相手に気を使わせたり，申し訳なく思わせてしまったりするかもしれません。

かといって，「あ，それムリ！」と一言で片づけてしまっては，せっかく準備して誘ってくれた友だちへの配慮がありません。**相手への配慮も伝えましょう**。計画を立ててくれたことへの感謝であったり，自分が行かないことで生じる変更の手間への謝罪であったりを言葉で伝えることが大事です。そのうえで，「今回は参加しない」ことをはっきりと伝えましょう。理由はその後で大丈夫です。

どうなってほしいのか，相手に何をして欲しいのかを頼む時には，**できるだけ具体的に簡潔に伝えることがポイント**です。その際に気をつけるべき言葉があります。それは「ちゃんと」「きちんと」「もっと早く」「もっと丁寧に」などです。こういった曖昧な言葉を使ってしまうと「ちゃんとやってよ」「ちゃんとやっているじゃない」と押し問答になるだけです。自分と相手とでは，「ちゃんと」の中身や基準が違うのです。何がどういう状態になればいいのか，できるだけ具体的に自分の要求を絞ってください。「ちゃんと整理する」ではなく「書類は，引き出しにそのまま入れずに，ファイルに綴じてから入れる」，「きれいに片づける」ではなく「同じお皿を重ねて片づける」です。「きちんと報告する」ではなく「口頭ではなく，メモを残す」です。こう伝えると，言われた相手は何を求められているか理解しやすくなります。また，「早く」とは，今日中なのか，明日の朝までなのか，会議の1時間前なのか，10分前なのかなど，時期や時間もできるだけ詳細に伝えましょう。

断る時も何に対してNOなのかを伝えてください。たとえば，旅行の行き先なのか，日程なのか，長さなのか，泊まる宿なのか，行き方なのか，食事なのか，行く人数なのかなどです。具体的に伝えることで交渉の余地が見えてきます。そこがダメならそこは変更する，と話し合いができます。どの部分はYESだけど，どの部分がNOなのかを伝えておくと，お互いとても楽になります。**アサーティブネスにおけるNOとは拒否の言葉ではなく，自分の中ではYESの部分とNOの部分との境界線がどこにあるのかを伝える言葉**なのです。その線引きをまずは自分の中でしっかりと把握してみてください。

もう1つ考えるべきことは自分の要望や提案の実現可能性です。**自分が望んでいることは実際に「変えることができる行動」なのか**を，今一度チェックしてみてください。たとえば，「もっと几帳面な性格になってほしい」と言われてもなかなか難しいですが，「洋服はその都度ハンガーにかけてほしい」なら，変われる可能性は高そうです。あるいは「そんなことで怒らないで」と言われても，感情は湧いてくるものですから，変えられるものではありません。でも，「大きな声で急に怒鳴らないでほしい」というのは，感情表現つまり，行動についての要求です。習慣となっているかもしれませんから，急には難しくても，変えることは可能です。

②相手が事実について同意できない

もう1つ整理することがとても重要なのは「事実・問題」です。「事実」とは起きていることなので，一見簡単のように思わるかもしれません。第1章に登場した，イライラ上司に困っているAさんの例ではどうでしょうか。新しい上司のせいでみんなが困っている，という枠組みになってはいませんか。もし，イライラ上司のせいで職場が混乱している，となれば，要求は「上司に変わってほしい」となります。悪いのは上司です。そういう「事実」を提示されて，果たして相手は同意するでしょうか。「確かに」と同意してくれる場合もあるとは思いますが，「あなたが悪い」と一方的に言われると，ついつい「そんなはずはない」「私はちゃんとしている」と反論したくなるものではないでしょうか。

ここでのアサーティブなポイントは，**この困った状況の犯人探しをするのではなく，この困った状況そのものに焦点を当て，それを解決するという枠組みをもつ**ことです。そうは言われても，どうしても上司に目が行ってしまい，少し難しいかもしれません。しかし，解決したいこと，たどり着きたいゴールは何か考えてみてください。上司が加害者であると断定することでしょうか。そうではなく，効率的に気持ちよく仕事を進めることがゴールのはずです。では，この場合「事実」をどう整理すればいいでしょうか。

まず，相手ではなく，問題に焦点を当てることができれば，次に，**今の困った状況が続いている中，自分は何をしているのか，あるいは何をしていないのかについても考えてみてください**。たとえば，「上司がイライラしていると思うと，大事だと思っていても，もう一度確認することができない」ということがあるかもしれません。確認すれば，間違いもなくやり直しの必要もなくなり，結果的には職場の忙しさも緩和するかもしれません。ここでの「事実」は，「イライラしている上司」というよりも，「やり直しが繰り返されていること」なのです。そういう枠組みになれば，今週どれだけやり直しが出たか，という**「客観的な事実」からスタートする**ことができ，とりあえず「事実」については「確かにそうだった」と合意ができる可能性は高くなります。整理するべき「事実」とは客観的であることであり，**客観的な事実とは，お互いが了解できる事実**です。「ちゃんとしてない」「だらしない」ではなく，「昨日の夜，コートがソファに置いたままだった」ことが事実です。「気がきかない」ではなく，「雨が降った時に，洗濯物が外に干されたままだった」ことが事実です。

もう1つ，争わずにすむ「事実」の立て方があります。それは，**私を**

主語にすることです。第２章で触れたＩ（アイ）メッセージとよばれるもので，自分の感じ方，考え方として述べるものです。たとえば，「あなたの声が大きい」ではなく，「私は怖いと感じた」であり，「野菜が多すぎる」ではなく，「一人暮らしの私には多い」です。相手の基準からすればそうではないかもしれないけれど，私はそう感じるというメッセージであり，そこには相手の感じ方や考え方を否定しない姿勢があります。ですから，「私は，あなたは非常識だと思う」というのは，確かに「私」が主語ですが，Ｉ（アイ）メッセージではありません。

以上のような点に気を付けながら，何を伝えるのかを整理してみてください。相手に向き合う前に，**まず自分に向き合う作業を丁寧に**してください。それが整理できれば，後はそれを率直に簡潔に伝えることです。

整理してみると，要求や提案が実はいくつもあったことに気がつくかもしれません。そんな場合は，**１回の話し合いですべてを解決しようと思わない**ことが大事です。５つの要求があれば，１回の話し合いで１つずつ，それを５回繰り返してください。また，もしかすると，１つのことも，１回の話し合いで解決しないかもしれません。**１回でのやりとりは，あまり長くならないようにして，また次の機会を作る**ことが大事です。次の機会までの時間に，良いアイディアが浮かぶかもしれない，違った見方ができるようになるかもしれない，など良いことはたくさんあります。そして何より大事なのは，相手にも考える時間ができることです。自分は，事前に問題を整理し，自分で機会を見て話を切りだしているので心の準備ができています。しかし，相手にとっては突然の要求という場合が多々あります。一度で自分の意見を押し通そうとしないことは，「他者尊重」という点でとても大切なことなのです。

そして，話が終わったら，その場を立ち去る，話題を変えるなどして，その会話を長々と引きずらないことです。**自分で始めた会話は，自分で終えましょう**。その際には**相手が自分の話を聞いてくれるためにとってくれた時間に対する感謝の気持ちを言葉で添えることも「他者尊重」と**

いう点で大切です。

3．言葉と態度を一致させる

言葉で伝えているのに，伝わっていないように思えるもう１つの理由は「態度が邪魔をしているから」です。たとえば，「困っているんです」と笑いながら言う，「ありがとう」とムッとしながら言う。言葉と態度が一致しない例です。こういった言葉以外で伝わることはたくさんあります。この後で詳しく紹介しますが，体による言葉ということで，ボディ・ランゲージと言われています。**表情や姿勢，手振りなどです。知らない間に，こちらのメッセージが届いてしまっているために，言葉によるメッセージが伝わりにくくなります。**「やる気があります」と目を伏せて言われても信用できないですし，背中を丸めておどおどと「大丈夫です」と言われても安心はできません。

ボディ・ランゲージの多くは癖のようなものが多いですから，自分では気がつかないことが多くあります。そんなつもりはまったくないのに，怖い顔をしているとか，にやにや笑っているとか，必要以上に相槌をうっているとか，頭が下がっているとか，手が落ち着きなく動いているとか，肩が上がっているとか，いろいろな癖があると思います。特に，顔の表情は自分では見えないですから，トレーニングの際に，周りの人に言われてはじめて気づくといったことも珍しくはありません。でも，一度気づけば，鏡を見て練習をすることもできますし，日ごろの会話で時折，相手に尋ねることもできます。すぐには無理でも，意識することでコントロールできるようになります。そうすると，ずいぶんと印象が変わってきます。

以上，まず言葉にして伝えてみること，その際にできるだけ具体的に，簡潔に伝わるように自分の中で整理をすること，そしてそのことを率直に，ボディ・ランゲージに気を付けて伝えてみることです。では，以上のようなコツを理解するために，役立つ心理学を紹介しましょう。

2　アサーティブに自分の想いを伝えるうえで，役立つ心理学の話

1．人はそれぞれの現実を生きている

心理学や社会学で，「羅生門問題」とよばれる研究テーマがあります。芥川龍之介による『藪の中』という小説をベースにした，黒澤明監督による有名な映画『羅生門』にちなんでいます。映画では，ある侍とその妻が，盗賊に会い，侍が殺されます。それについて，盗賊，その妻，そして巫女の声を借りて殺された侍本人，そして事件を見ていたという杣売（木材売り）が，それぞれ事件の様子を語るのですが，そのストーリーはまったく異なります。そのうち当事者である３名の話に共通しているのは「自分が殺した」というものですから，責任逃れのために話を歪曲しているというわけではありません。語られる「現実」の食い違いの不思議さが描かれています。

この映画ほどではないかもしれませんが，私たちの日常もそれと同じではないか，というのが「羅生門問題」です。それぞれの現実の解釈が異なるのか，そもそも経験する現実そのものが異なるのか，研究者の立場によって異なりますが，いずれにせよ，**それぞれの人は多かれ少なかれ異なる現実を生きている**という考え方です。私たちは，日常，自分や周りの人々の振る舞い，そして社会の中で起こっている出来事を見て，それぞれについて「そういうものだ」と理解し，それを現実だと考えます。今の日本は平和である，クラスでいじめなんかなかった，同僚の仕事の仕方は誰が見ても間違っている，週末は家族で楽しい１日を過ごしたなどです。自分では，それが現実，事実であると思っています。

しかし，自分が「現実」だと思っていることが，他の人にとっての「現実」とは食い違っているということは，実は少なくありません。「あの時そう言ったのに？」「あの時，一緒に見てたでしょ？」「今の世の中そういうもの……そう思わないなんてどうかしてない？」「あんなひどい状況なのに，なんとも思わないの？」など，同じ体験をしているはず

表4-2　主な社会的認知のバイアス

バイアス名	内容
①自己や他者の性格や能力，意図についての認知バイアス	
基本的帰属の誤り (fundamental attributional error)	「ある行動はその人の性格や能力といった内面的なものが原因だ」と思いがち
行為者-観察者効果 (actor-observer bias)	特に他の人の行動を見た時，「本人の内面が原因だ」と思いがち
自己本位的バイアス (egocentric bias)	「自分に比べ，他の人の貢献度はより低い」「でも他の人は，自分は貢献していると過大評価しているだろう」と思いがち
②自分に対する他者からの評価についての認知バイアス	
スポットライト効果 (spotlight effect)	自分の外面について，「他の人に見られている」と実際以上に思いがち
透明性の錯覚 (illusion of transparency)	自分の内面について「他の人に見透かされている」と実際以上に思いがち
③自分の推測の正しさについての認知バイアス	
合意性の錯覚 (false consensus effect)	「多くの人は自分の意見と同じである」と思いがち
バイアス・ブラインド・スポット (bias blind spot)	自分は大丈夫だが，「他の人の判断にはバイアスがかかっている」と思いがち
第三者効果 (third-person effect)	自分に比べ，「他の人は，メディアの影響を受けやすい」と思いがち

なのに，認識している「現実」の違いに驚くことはしばしばあります。実際には，異なる「現実」を認識しているにもかかわらず，私たちはお互いに同じ現実を生きているという前提のもと，コミュニケーションをとっているのです。そこでは「正しさ」はあまり意味をなしません。誰の「現実」がほんとうなのか，真の「現実」など誰にもわからないものなのです。

こういった「現実」認識のズレは，心理学では「社会的認知（social cognition）」という領域で盛んに研究されてきており，「認知バイアス（cognitive bias）」とよばれています。バイアスとは，一定の方向への歪みや偏りという意味です。代表的なものをいくつか見ていきましょう（表4-2）。

①自己や他者の性格や能力，意図についての認知バイアス

私たちは，周りの人が何を考え，何を感じているか知りたいと多かれ少なかれ感じています。心理学はそのコツを教えてくれそうだという期待から人気なのかもしれません。しかし，実際には人の内面は見えるものではありません。

そこで「人の内面は見えないのに，どうやって見えている気になっているか」という問いが出てきます。人の行動を見てなぜその人はそういう行動をとったのか，その動機や理由を推測する心の動きは，「原因帰属（causal attribution）」とよばれ，盛んに研究されてきました。「なぜ試験に落ちたのか」「なぜ急に飲み会の途中で帰ってしまったのか」「なぜ元気がないのか」「なぜ犯罪に巻き込まれたのか」「なぜ大きな事故が起きたのか」「なぜ経済が悪化したのか」など，**自分や他者の個人的な振る舞いや出来事から，社会現象にいたるまで，さまざまなことについての原因や理由を私たちは推測**しています。

ある行動や出来事の原因としてはさまざまなことがありますが，心理学では，内的なものと外的なものという２つに大きく分けて考えます。内的とは，その行動をとっている行為者本人のものと考えられる要因であり，性格，能力，努力，体調，気分などです。「試験に落ちたのは努力が足りなかった」「かぜで体調が悪くて先に帰った」「夜遅くに出歩いているから犯罪に巻き込まれた」「事故は運転者の不注意だった」などです。一方，外的とは行為者の外の要因と考えられるものです。たとえば，行為の対象となっている相手の言動，周りの人々や環境，行為者が取り組んでいる仕事や課題の性質，あるいは運の良し悪しといったものが含まれます。「試験問題が難しすぎた」「上司が叱ったので帰ってしまった」「あんな事件に巻き込まれるなんて運が悪かった」「運転手は過密なシフトで働かされていた」などです。

内的，外的のどちらに原因を帰属するかは，いくつかの意味で重要です。

１つには，**どの程度内的に帰属するかによって，その人をどういう人**

だと理解するかが決まるからです。たとえば，ある人が電車の中で高齢者に席を譲れば，「その人は優しい人だから譲ろうと思って席を立ったのだ」と考えます。試験に不合格になった友人を見て，サボっていたのが原因だと帰属すれば「頑張りのきかない奴だ」と考えます。

また，**帰属は責任がどこにあるかを位置づけます**。事故が運転手の不注意など内的な要因に帰属されれば責任は重大ですが，組織の人事管理など外的な要因に帰属されれば，運転手の責任はより小さく査定されます。急な落雷によるものとなれば，しかたがなかったことになります。

そして，さらに，**何に帰属するのかによって，その後の行動が決まります**。努力が足りないと思えば次は頑張るよう叱咤激励しますし，能力がないと思えばこれ以降期待することをしなくなりますし，運が悪かっただけだと思えばもう一度チャンスを与えるかもしれません。第2章の「認知主義」のところで見たように，私たちは，決して「現実」そのものに反応するのではなく，現実についての推測や解釈に対して反応すると考えられています。

では，このように重要な推測において，どのような認知バイアスがあるのでしょうか。

一般的には，その人の内面が行動や結果を引き起こしていると原因帰属する傾向にある，つまり外的帰属よりも内的帰属に偏る傾向があるとされます（「基本的帰属の誤り」，Ross, 1977）。そして，このバイアスは特に，自分の行為よりも，他者の行為についてより強く表れるとされます。つまり，行為者本人よりも，たとえば相手や周りで見ている人である観察者の推測により強く出ます（行為者－観察者効果）。ですから，上司がいつも部下に対して大きな声で叱っている場合，叱っている上司は部下のせいで自分が大きな声で叱らなければならないと外的に帰属しがちですが，叱られている部下や周りでそれを見ている人は，上司が攻撃的な性格だから，機嫌が悪いから，と内的帰属を行う傾向にあります。叱られている側が，自分のおどおどした態度が上司の行動を引き起こしていると考えることはあまりありません。

特に，好ましくない行為であるほど，そのようなバイアスが起こりがちです。**何かうまくいかないことについての行為者による帰属は，自分のせいではなく，相手が悪い，環境が悪い，社会が悪いとなりがち**なのです。しかし，**行為者以外の人は，行為者本人のせいだと思いがち**なのです。

もちろん個人差はあり，逆に，失敗は自分のせいにしてしまい，成功を内的に帰属できないという人もいます。せっかく試合で勝てたとしても，たまたま運が良かっただけ，相手の調子が悪かったからとしか思えない人です。こういった人は，自己信頼感が低く，場合によっては抑うつ傾向になりやすいと言えます。

問題への責任という点で言えば，貢献度を推測する際に生じる自己本位的バイアスもあります。たとえば，家事について何かがうまくいっていない時，「自分はこんなに頑張っているのに，パートナーは何もしていない」と評価しがちです。自分の貢献度を過大評価する傾向です。カップルに日常生活での活動（掃除をする，重要な決定をするなど）への自分の貢献度の割合を推測してもらい，二人の推測値を足すと100％を超えてしまうという調査結果もあります（Ross & Sicoly, 1979）。つまり，お互いが自分の貢献度を過大に評価していることになります。

しかも，自分は適切に推測しているが，相手はきっと自分の貢献度を過大評価しているだろう，という予測までしているようです。こうなると，「どう見ても，私はこんなに頑張っているのに，相手は自分の方が頑張っていると思い込んでいるんだろうなぁ」と二重の意味で，推測は偏ってしまいます。

②自分に対する他者からの評価についての認知バイアス

自分が他者からどう見られているか，程度の差はあれ，誰もが気になるところです。他者の視線についての推測においても認知バイアスが見られます。たとえば，駅の階段を踏み外してころげ落ちたとか，変な発言をしてしまったとか，何か恥ずかしいことをした時に，**その場にいる人々の注目を浴びてしまったと思いがちです。しかし，実際には人々はそれほど注意を払っていない**ということがあります。自分にあたかも照明があたっているかのように錯覚するということで，「スポットライト効果（Gilovich, Medvec, & Savitsky, 2000）」と名付けられています。化粧や髪形を変えたのに誰も気づいてくれなかったというのもこの例になります（藤島・町田，2005）。

これらは，他の人から見える行動であったり姿であったりするのですが，他の人からは見えない自分の内面についての推測にも似たような傾向があります。たとえば，プレゼンなどで不安感や緊張感が大きい時，自分があがっているのがみんなにばれていると思って余計緊張してしまうということがあります。しかし，終わってみれば，みんなから「堂々としていた」とフィードバックを受けたりするもので，自分が心配するほどには自分の内側での緊張感を人は読み取っていないものなのです（遠藤，2007）。特に，もともと不安感が高い人ほど，**人から見透かされていると思う傾向にあるようですが，実際には周りにはばれていない**のです。自分の心がガラス張りになって外から丸見えになっているという感覚です。これには「透明性の錯覚」という名前がつけられています（Gilovich, Savitsky, & Medvec, 1998）。

見透かされたくないことが，実際には気づかれていないという場合だけではなく，**相手にわかっておいてほしいことが，実際にはわかってもらっていない**，という逆の場合もあります。たとえば，自分の辛い気持ちや大変さがわかってもらえていると思っていても，自分が思うほどには誰も気づいていない，会議での発言から自分の企画の内容が伝わっていると思っていても案外わかってもらえていない，感謝や謝罪の気持ちを込めたつもりが相手に届いていないといったケースもあるのです。これらも透明性の錯覚です。人は，思うほど見透かしてくれていないのです。

親しい関係にある人についての推測であったり（工藤，2007），集団としてのまとまりを重視する人であるほど，透明性の錯覚の程度が大きいとされています（Vorauer & Cameron, 2002）。あるいは，互いに知識や価値観などに共通した部分があると推測するほど透明性の錯覚量が大きかったという実験もあります（武田・沼崎，2009）。つまり，相手と自分が何かしら似ていると思っていると，バイアスが大きくなるようです。この人ならわかってくれていると思う時，それは過大評価であることがしばしばあるようです。

また，**役割に上下がある場合，下にいる者ほど透明性の錯覚が大きい**という結果もあります（Garcia, 2002）。たとえば，部下，子ども，生徒が考えていることや感じていることは，思っているほど，上司，親，教師には伝わっていないということです。

③自分の推測の正しさについての認知バイアス

貢献度推測における自己本位的バイアスのところでも紹介したように，相手は自分の貢献度を過大に見積もりがちだが，**自分の推測は正確だと考える傾向**があります。「相手は望ましいことについては自分の貢献度を高く，望ましくないことについては低く見積もっているはずだ」という推測はナイーブ・シニシズム（naïve cynicism），素朴な皮肉主義とよばれています（Kruger & Gilovich, 1999）。貢献度に限らず，「自分の判断はバイアスの影響を受けない」と考える傾向（バイアス・ブラインド・スポット，Pronin, Lin, & Ross, 2002）も報告されています。

あるいは，**自分の考え方は，世間の多くの人々が賛同するものであり，「誰だってそう思っているはず」だと，実際以上に推測する傾向**も，研究では繰り返し観察されるバイアスです。これは，フォールス・コンセンサス（誤った合意性）効果（Ross, Greene, & House, 1977）とよばれています。言ってみれば「自分は常識人である！」と考える傾向です。

また，特に，メディアの影響について，「他の人はそういう情報に惑わされてしまいがちだが，自分は大丈夫だ」と考える，第三者効果というバイアスも指摘されています（Davison, 1983）。

このように，私たちは，自分はこういったもろもろの認知バイアスの蚊帳の外にいると思いがちですが，推測自体にも，その正しさの評価にもバイアスがかかっているのです。

④認知バイアスの原因

なぜ，こういった認知バイアスが生じるのか，その理由は大きく２つが考えられています。１つは，**自分を優れたものとして位置づけたいという，動機的理由**です。もう１つは，**私たちが外界の情報を処理する際に生じる，認知的理由**からです。

たとえば，フォールス・コンセンサス効果を例として，バイアスが生じる理由を見てみましょう（Marks & Miller, 1987）。「私は常識人だ！」と言うことは，「ものをわかっている人間だ」「社会人としてまっとうな人間だ」「他の人々と価値観を共有できている」という推測です。ここには，自尊心の維持がからんでいます。自分の判断や考え方は合理的だし，正しいと思いたいからだとされています。

これは動機的理由です。**自分を高く評価したいという欲求であり，自己高揚的（self-serving）なもの**です。人は誰でも自分自身を悪く思いたくはないですし，ポジティブな自己評価を得たいというのは，第２章で見たように，人間の基本的欲求と仮定されています。あくまで，自然な傾向です。自分にとって関わりが強く自分にとって重要な事柄について推測する場合や，自尊心が低下している場合などに，動機的理由からバイアスが生じるとされています（Alicke & Largo, 1995）。

しかし，こういった動機的な理由がなくても，バイアスが生じるケースが多く，認知的な理由に着目する研究が数多くあります。表４－２（p. 87）にまとめたものは，一括して「自己中心性バイアス」とよばれることがあります。ただし，自己中心的といっても，上のような自己高揚的動機を指しているだけではなく，**「自分が基準になってしまっている」という認知的な意味**でもあるのです。

たとえば，フォールス・コンセンサス効果の他の理由としては，「選択的接触」と「思い浮かべやすさ」があります。自分と似た価値観や考え方の人とのつきあいがより多いため，自分と同じような意見をもつ人を思い浮かべやすいためと説明されます。たとえば，健康志向の人は，そういう人たちとのつきあいが多かったり，健康志向の情報をよく見るため，健康に気を使っている人の数を過大評価することになります。

あるいは，自分の意見や行動が自分にとっては目立ちやすいという理由が挙げられます。目立ちやすいため，注意が向きやすいのです。貢献度推測におけるバイアスも，自分がやっていることの方が思い出しやすいため，自分の貢献度が高く見積もられるという説明がされています (Ross & Sicoly, 1979)。自分が頑張っているという例はたくさん知っていますが，相手が頑張っていることを見落としている，見えてない，ということです。

さらに，「係留と調整（anchoring and adjustment）効果」という説明もあります。私たちが何かを判断する時に，最初に身近にあるもっともらしい情報を推測のスタートにします。それを係留点とよびます。

たとえば，現在の「離婚率」はどのくらいか推測を求められた時に，「10%より高いと思いますか」と尋ねられると，10という数字が推測の出発点，係留となります。そして，そこから「いや，もう少し高いだろう」と調整を行い，比率を上げていき，「このくらいかな」と答えを出します。ところが，同じように推測を求められても「60%より低いと思いますか」と尋ねられると，「さすがにそんなに高くないだろう」と，60から下げていきます。そして，係留からの調整は不十分になる傾向があり，たとえば前者だと25%，後者で45%といった推測になってしまうのです（Tversky & Kahneman, 1974)。係留というのは英語の anchor の訳で，船の錨のことです。錨を下ろしたところに留まらされてしまう，という意味です。自己中心性バイアスは，いずれも，他者について推論する時，まず一番身近である自分の考えや自分の行動が係留点になり，調整不足が起こるためと説明されているのです。

以上，社会的認知という分野ではさまざまな認知バイアスが確かめられています。このような研究が示しているのは，**私たちは同じ経験をしたとしてもその認識は人それぞれであり，異なる現実を生きている**ということです。そして，にもかかわらず，**そのことをあまり意識できていない**ということです。異なる現実を生きていることを少し意識するだけで，自分と他者の現実のとらえ方の違いを，コミュニケーションの際の前提とすることができます。

さらに，そのメカニズムは，自分をよく見せたい，優れていると思いたいといった自己高揚的な理由や，責任をとりたくないといった自己防衛的な理由だけではなく，そういった理由がなくても，認知的にバイアスのかかった推測をしてしまうものであることも知っておくと，自分とは異なった見解を受け止めやすくなるのではないでしょうか。自分はあの人の責任だと思っているけれど相手はそうは思っていない時，自分の貢献が正しく評価されていないと感じる時，相手に伝わっているはずなのに何ら対応してくれない時，自分の意見は常識であり相手は非常識だと思う時など，そこにはバイアスがあるのかもしれません。相手が自分勝手というわけではなく，そういう風に見えてしまうものだと思えると相手に向き合う姿勢も少し和らぐかもしれません。

お互いに見解が一致しない時，実際にどれが事実なのか，そこに正解はないでしょう。どちらが正しいかの議論をしても解決には近づけないことが多々あります。お互いが合意できること，あるいは歩み寄れること，差異が許容範囲におさまることをゴールにしない限り，前に進まないのです。何が問題かについて互いに合意できるよう，問題の位置づけを見直す必要があるかもしれません。**互いの「現実」がオーバーラップしているところが合意できるところ**です。これを広げるためには，自分の「現実」を相手に告げ，相手の「現実」を知ることが大切です。互いの現実は異なると意識しながら，言葉で説明する努力が必要なのです。「現実」を共有してはじめて，問題の解決に向かうことができるのです。

2．言葉以外が意外と伝わる？

①コミュニケーションのチャンネル

想いを伝える時には言葉に態度を一致させるというポイントがありました。ここで言う態度のことを心理学では，「非言語的コミュニケーション（nonverbal communication, NVC）」と呼んでいます。**NVC とは，言葉以外によるメッセージの発信や受信であり，具体的には表 4－3 に示したようにさまざまな種類（チャンネル）**があります。

音声的なものでも，言葉の意味そのもの以外を近言語（para-language）と言います。速い口調は自信のなさ，不誠実さであったり，あるいは逆に知識の豊富さという印象を与える場合もあるかもしれません。ゆっくりした口調は，落ち着きや自信，あるいは逆にとまどいなどを伝えるかもしれません。大きな声はやる気，大きすぎる声は威圧感，小さな声は自信のなさ，あるいは秘密である，というメッセージを伝えることもあります。

また，声そのものの特徴以外に，順序やタイミングも，何らかのメッセージを伝えます。先に発言する方がやる気が感じられるとか，最後に発言すると威厳がでるなどです。また，少し「間」をおくことで，迷いが表現されたり，落ち着きが表現されたりします。

そのほか，顔をはじめとして，姿勢やしぐさなどからだ全体，さらには，服装など身に着けるものなどが含まれます。さらには，オフィスに飾っているおしゃれな絵画や重厚なソファなど，自分の周囲に置くもの

表 4－3　非言語的コミュニケーションのチャンネル

音声的	近言語	声の高さ，速度，抑揚など 間，発言の順序，タイミングなど
非音声的	身体動作	視線 表情 ジェスチャー，姿勢，身体接触など
	空間行動	相手との距離，位置など
	物の使用	被服，化粧など

まで，何らかのメッセージを送っているとして，NVC に含める人もいます。

このようにさまざまなものからメッセージが発信されていますが，意図して発信されるもの，コントロールが容易なもの，難しいもの，あるいはそもそも意識していないものなど，さまざまです。たとえば，聞き手による「うなずき」は，話し手の話す意欲を高め，会話を促進するとされています。相手が話をしている間ずっとうなずいていた場合，あまりうなずきがない場合よりも，発言量が48%増えたという実験結果もあります（Matarazzo, Saslow, Wiens, Weitman, & Allen, 1964）。基本的にはうなずきは相手への「好意」を発信するのですが，意図してうなずく場合もあれば，知らない間に「うんうん」とうなずいている場合もあります。

あるいは，「目は口ほどにものを言う」ということわざ通りに，目からは多くのメッセージが発信されますが，目にもコントロールが容易なものと困難なものがあります。相手と目を合わせる「アイ・コンタクト」は，相手と関わりたい，という意志を伝えます。私はよく経験するのですが，授業中に問題を出して「誰かわかる人？」と学生さんの方を見ると，それまでは私の方を見ていてくれた人でもそっと視線を落とし目をそらせてしまいます。当てられないように，「関わりません」というサインを発信しています。逆に，自分に気づいてほしいと思う時に，あえて相手を「じー」と見るということもあります。目をそらせたり，合わせたりと，無意識にしていますが，意識して動かすことも可能です。

それに対して，目の動きでも「瞳孔の大きさ」というのはなかなか自分でコントロールできるものではありません。実は瞳孔の大きさは，「好意」を伝えているのです。瞳孔は普段は光の量によって変化します。猫の目を思い浮かべるとわかりやすいですが，明るいと細くなり，暗いと丸く大きくなります。猫好きの人の中には「糸のような目がたまらない」という方もおられますが，多くは丸い目の方がかわいいと感じるようです。つまり，瞳孔が大きい方が好意をもたれる傾向にあります。

「目を見張る」という表現がありますが，実は，瞳孔は，光の量のほかにも，対象に興味や関心を抱くと大きくなるのです。そして，大きな瞳孔で見られた人は，自分でも知らない間にその変化をキャッチして，「自分は関心・好意をもたれている」と感じます。私たちは，好意をもってくれている人には好意をもちます。それを「好意の互恵性」と言います。その結果，私たちは，大きな瞳孔に好意を抱くのです。

つまり，発信者側も，受信者側も，まったく意識していないですが，二人の間で「好意」のメッセージがやりとりされているのです。ちなみに，時には勘違いも生じます。暗いところでは，光が少ないがために瞳孔が大きくなりますが，それを受信者が勘違いして，「好意」と受け取る場合もでてきます。とは言え，勘違いでも相手の好意と受けとった受信者が，相手に好意を返せば，結果的に好意メッセージがやりとりされるわけですから，最初の誤解もどうってことはないのかもしれません。

このように，**NVC には，無意識のうちにやりとりされ，自分ではコントロールが難しいものもあれば，意識すればコントロール可能なもの，そして日ごろから意図的に操作しているものなど，さまざま**です。アサーティブネス・トレーニングでロールプレイをしている際に，ご自身では優しく微笑んでいるつもりでも，ひきつった表情に怒りの気持ちがでていたり，真剣なまなざしのつもりでも面倒くさそうな気持ちが読み取れたり，といったことはよく見かけます。鏡やビデオで改めて自分の表情やしぐさをチェックしたり，周囲の人に尋ねてみたりすると，自分で思っているような表情やしぐさではないということもあります。先にも述べたように，コントロール可能なものについては，練習すれば改善されますし，そうでないものについても可能性を知っておくと配慮することで誤解を回避できることもあるでしょう。**自分の感情を相手に伝えたいのであれば，あらためて自分の表情やしぐさについて意識化する**ことも大事です。

② NVC で伝えられる内面の情報

では，NVC では何がどういう行動によって伝えられているのでしょうか。発信されるメッセージはさまざまですが，大きく3つに分けて考えられるとアルバート・マレービアン（Albert Mehrabian）は述べています（Mehrabian, 1981）。快－不快，覚醒－無覚醒，支配－服従という3つの次元です。快－不快とはいわゆる「良い感じ」「悪い感じ」であり，覚醒－無覚醒は「いきいき－どんより」など，熱意や活発さの次元，そして，支配－服従とは力強さやどっしりした感じの次元です。これらを組み合わせると図4－1にある8種類の感情が考えられます。そして，図4－2に示されるようにこれらの感情は評価や行動と結びついています

では，それぞれの次元は何によって伝えられるのかを見ていきましょう。

快－不快の次元　快－不快は，好意－嫌悪と直接結びついています。そして，さらに，好意は接近行動と，嫌悪は回避行動と強く結びついています。つまり，図4－2の右向きの矢印で示してあるように，良いと感じると好きになり近づく，不快感をもつと嫌いになり離れます。

ここで大事なことは，先に見たように，私たちはお互いの内面を直接

	快				
	支配	服従	支配	服従	
無覚醒	平静さ くつろぎ 余裕	ひっそり 落ち着き	大胆さ 活気 力強さ	感動 驚き	覚醒
	無関心 飽き	寂しさ 悲しさ 不幸 退屈 意気消沈	残酷 敵意 憎しみ 嘲り	不安 動揺 傷つき 混乱	
	支配	服従	支配	服従	
	不快				

図4－1　NVC で伝えられる感情（Mehrabian, 1981をもとに作成）

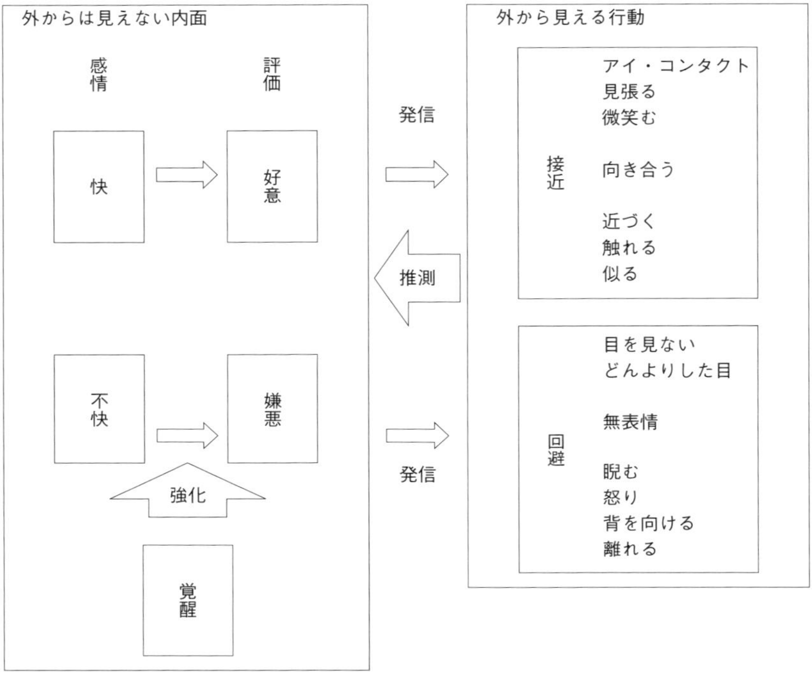

図 4－2　感情，評価，行動の関係（Mehrabian, 1981をもとに作成）

見ることはできませんから，あくまで外から見えるもの，つまり，行動によってその人の内面を推し量っています。

つまり，日々の人間関係では左向きの矢印で示されるように，接近行動をしている人には好意や快感情を，回避行動をしている人には嫌悪や不快感を「推測」します。

たとえば，誰かと話す時に相手の目を見ること，アイ・コンタクトが大切だとよく言われます。好意をもっている人同士はアイ・コンタクトが多くなり，逆にアイ・コンタクトが多ければ好意が生まれます（たとえば，Efran & Broughton, 1966）。また，笑顔も同様に，相手に好意を伝えるとされています（たとえば，Tidd & Lockard, 1978）。

相手との距離も，親密さが高いほど，近くなります（たとえば，

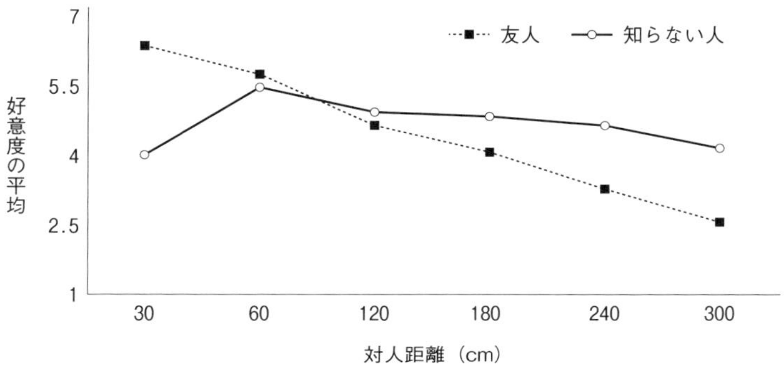

図４－３　対人距離と好意度（Ashton, Shaw, & Worsham, 1980から作成）

Ashton, Shaw, & Worsham, 1980，図４－３参照）。また，「シンクロニー（synchrony）」とよばれる動作の同期もあります。たとえば会話をしている二人がいつの間にか，足を組んだり，頬づえをついたりと，同じ姿勢になるということもあります。話す速さ，癖や姿勢などが同期した場合，その人への好意が高まるとされています（長岡，2006）。目を合わせ，笑顔で，近い席に座り，そして会話の最中に姿勢やしぐさが似てくるといった接近行動を見て「好意」や「心地よさ」を推測するのです。

ただし，いずれも，直線的な関係というわけではありません。つまり，たくさん目を合わすほど，笑顔の度合いが大きいほど，距離が近いほど，より好ましい関係になるというわけではなく，**一定量を超えると，かえって好感度や安心感が下がり，逆効果になる**ことが実験によって示されています（竹内，2016）。

また，適切な量は，さまざまな要因で決定されます。たとえば，もともとの関係の親密さです。電車に乗っている時，車両に３，４人しか乗客がおらず，空席がたくさんあるのに，友だちならいざしらず，まったく知らない人が真横に座ってきたら，違和感，あるいは不安感や恐怖感さえ感じるかもしれません。図４－３にも示されるように，知らない人の場合には近すぎる距離（30 cm）では好意度は下がっています。

アサーティブネス・トレーニングの講座でも，参加者が要求を伝える練習をしている時に笑顔になり過ぎている場合があります。そのような伝え方はあまり良い印象を与えていない，というフィードバックを受けたりしています。**接近行動は快感情や好意と結びついていますが，過剰になると逆効果となる場合もある**のです。

覚醒－無覚醒の次元　快－不快の感情が好意－嫌悪を通して，接近－回避行動から直接的に推測されるのに対して，他の２つの次元はそうでもありません。覚醒は，快－不快感情を強化する，つまりそれぞれをより強く伝えます。たとえば，ある仕事について良い感情を抱いている時，そこに熱意が感じられると，そうでない場合よりも，その仕事が好きであるということが強く感じられます。逆に，何かを嫌っている時も，やはり，静かであるより，激しい感じがする方が，より嫌いであることが伝わります。逆に，接近－回避といった行動が極端な場合のみ覚醒が推測できます。

むしろ接近行動よりも，**話す速度，声の高低，イントネーションの変化など，近言語が覚醒－無覚醒を伝える**とされています。たとえば，早口で高い声，起伏のある話し方だと覚醒が，逆に，ゆっくり低い声で，平坦な話し方だと無覚醒が伝達されます。また，肩に力が入っている，手を握りしめているといったからだの緊張，あるいは上で述べた瞳孔の広がりは覚醒を伝えます。目を見張っての高めの「はい」という返事はやる気を伝えるのです。やる気や自信は覚醒ですし，落ち着きは無覚醒ですから，話し方や姿勢に意識を向け，操作することが可能です。

支配－服従の次元　この次元は，接近－回避行動量からは推測が難しいとされています。しかし，それ以外に，この感情を伝える暗示的なメッセージは多様であり，かつ複雑で微妙だとマレービアンは述べています（Mehrabian, 1981）。

支配は行動の多様さから推測され，逆に変化が乏しいと服従が推測されます。それは，体の緊張のあるなしに由来すると言えるでしょう。たとえば，ゆったりとした姿勢でいる人の方が，他人の意見を変える力があるという実験結果があります（McGinley, LeFevre, & McGinley, 1975）。そのゆったりした感じやリラックスした感じは胴体と四肢から推測されるようです。まがった胴体―まっすぐの胴体，横を向いている頭部―直立の頭部，四肢の均衡―不均衡などです。具体的には，足を組んでいたり，椅子にもたれていたり，横を向いていたり，どちらかに傾いていたりしていれば支配的なメッセージが，直立不動でまっすぐに立っている，あるいは，手が膝の上にそろえられている，膝が閉じられていれば服従的なメッセージが伝わるということです。立っているのと座っているのでは，前者がより筋肉の緊張が多く，より服従的とみなされます。つまり，**緊張していると姿勢にはあまり選択肢がなく，必然的に変化が乏しくなる**ということです。

さらに，会話からのNVCには会話者間の力関係を伝えるものがいくつかあります。たとえば，会話量も１つの権力関係を示しており，一般には多く話す者が力をもっていると見られます。

あるいは「うなずき」です。宮崎（2007）は，相手の年齢が上になるほど，言葉による同意である「あいづち」よりは，非言語である「うなずき」が増えることを観察しています。また，前川（2012）は，うなずきがあまりないと相手を見下しているという印象を与えるという実験結果を報告しています。つまり，うなずきの少なさは「上である」，多さは「下である」というメッセージを発信しています。

また，一方が話を終えると他の人が話す，という会話の交代ルールが基本としてありますが，日常会話ではこのルールが破られることはよくあります。話がまだ終わっていない時に，相手が話し始める，いわゆる「割り込み」です。これは会話における順番どり（turn-taking）のルールの違反として，話者間の権力関係を示す１つの指標として分析されています（好井・山田・西阪，1999）。たとえば，下の者が上の者の発言に途中で割って入ることは失礼ですが，上の者が下の者にそれをすることは許されます。

また，男性は女性に対して割り込むが，逆は少ないと言われています(Zimmerman & West, 1975)。ただし，女性同士であれば，お互いの割り込みが多く見られます。たとえば「ほら，この間すごく楽しかった旅行の…」「そうそう，京都への…」「春の…」「そう，３月だったね」といった，共感を示す補足的な割り込みもあります。しかし，男性には，割り込みは一般的に「侵略」と感じられる傾向が高いようです。

これら，支配－服従の次元は，「対等性」を核とするアサーティブネスにとって特に重要ですので，是非，自分のくせについて点検してみてください。たとえば，自分が役割上，力をもつ立場にいる時には，姿勢は緊張しない程度に前後左右ともまっすぐにし，相手の話への割り込みを控え，うなずきを心がけるなど，意識できることがいくつかあります。

コラム③　持ち運んでいるなわばり

動物になわばりがあるように，人にもなわばりはあります。アメリカの文化人類学者であるエドワード・ホール（Edward Hall）は，さまざまな文化圏での人々の行動を研究しました。中でも有名なのは，彼が提唱した，近接学（Proxemics）です。『かくれた次元（Hall, 1966）』という本の中で，私たちが無意識に空間をどう使っているのか，人のなわばりについて論じました。個人が自分と一緒にもち歩いている，自分の周りの空間を，「パーソナル・スペース（personal space）」とよびました。ここに他人が侵入してくると，不愉快になったり，不安になったりします。

パーソナル・スペースの形は一般的には楕円形になっています。図４－４は，田中（1973）による実験結果の一例です。自分が中心で前を向いて立っていると，それぞれの方向から人が近づいてくるという実験設定です。「落ち着かない」と感じ始めるところで「はい」と回答してもらい，その時の距離を測ります。平均値を見ると左右は対称で，背後ほど狭くなっています。つまり同じ距離であっても，前方に比べて，後方だとあまり気にならないようです。これは，明るい時の平均値ですが，少し暗いと後方は少し広がり，より円に近づきます。外交的な人に比べて，内向的な人は，およそ1.6倍の距離がとられました。

この実験は，男性同士でのデータですが，相手の性別が変わればまた異なることが予測されます。ホールは，相手との親しさによっても必要ななわばりの大きさが変わるとして，４つの空間に分けています（表４－４）。

このように，場所や相手によって，伸び縮みするのが私たちのなわばりです。誰かと話している時に，少し緊張すると感じたら，椅子をずらすなど，少し距離をとるだけでも，落ち着けることがあります。また，逆に，よそよそしさを感じたり，相手に伝わっていないと感じた時には，少し縮めてみるといいでしょう。

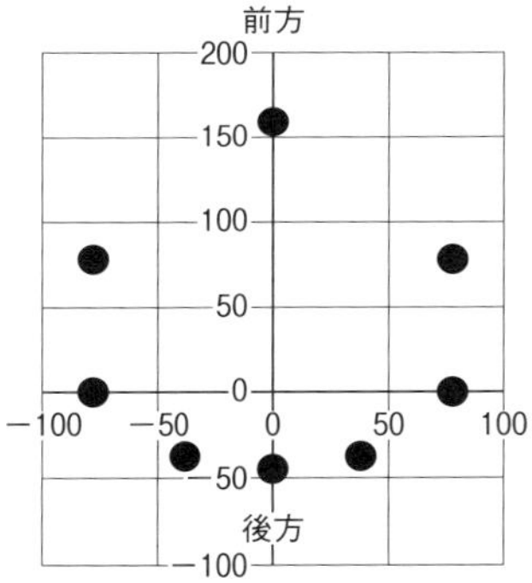

図４－４　パーソナル・スペース
（田中，1973より作成）

表４－４　４つのパーソナル・スペース

親密距離	(intimate)	約45 cm 以内	親子や恋人など，親しい人だけが許される空間
個体距離	(personal)	約45～120 cm	親しい友人などに許される空間。手をのばせば届く程度の距離
社会距離	(social)	約120～360 cm	職場など，公的な人間関係の間での距離
公衆距離	(public)	約360 cm 以上	講演などでの聴衆との距離など，個人的な関係は成立しない距離

③チャンネル間での足し算と引き算

日常の場面では，NVC はたいてい単独ではなく，複数のチャンネルからメッセージが発信されています。たとえば，誰かと会話している時には，それぞれがテーブルのある位置を占め，相手との間には一定の距離があります。相手は笑顔を浮かべ，腕を組み背もたれに体をあずけ，こちらをずっと見ながら話をしているかもしれません。

このような場合には，いろいろなチャンネルから好意のメッセージが

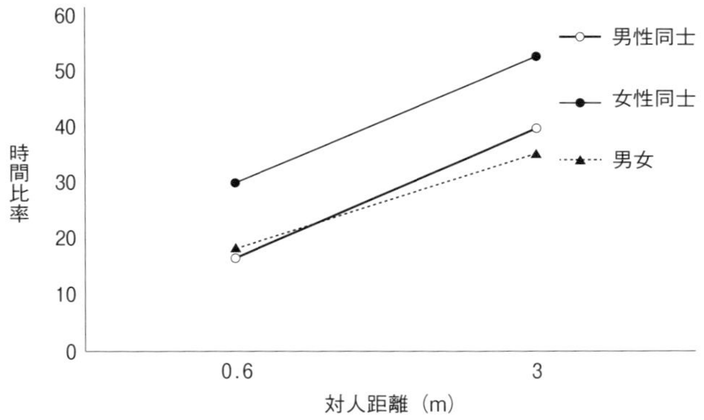

図4－5　対人距離と見つめあいの時間比率（Argyle & Ingham, 1972より作成）

届きますが，二人の関係性に応じた親密さを保つためにいろいろなチャンネルが調整されます。たとえば，知りあいと電車のホームで喋っている時には，それなりの距離を間に保ち，目を見ながら話しています。ところが，満員電車の中に入ると，その人との関係からすると近すぎる距離しかとれません。その場合，互いに目をそらしたまましゃべることになるでしょう。それは，距離によって好意のメッセージが過剰となるために，その分，アイ・コンタクトを減らすことによって，**複数のチャンネルから伝わる好意の合計を一定に保っている**と説明されます。図4－5に見るように，距離が縮まると見つめあう時間の割合が少なくなっています。この現象は「親密性平衡モデル（intimacy equilibrium model)」として理論化されています（Argyle & Ingham, 1972)。おそらく，満員電車の中でもなお目を見つめあって話しているのは，好意メッセージを大量に交換し合う熱々のカップルでしょう。

親密性平衡モデルは，複数のチャンネルから「好意」というメッセージが発信されると足し算されるので，過剰である場合には調整が行われる，という理論です。では，複数のチャンネルが異なるメッセージを送っている場合にはどうなるのでしょうか。

マレービアンによると（Mehrabian, 1981)，たとえば，「あなたは悪くないよ」と言いながら，目線を合わせなかったり，浮かない表情をしているなど，言葉と矛盾している場合は，好意の伝達という点では非言語的なメッセージの方が優勢になるとしています。次の公式は有名です。カッコ内の数字は相対的な影響度と考えてください。

好意の合計＝言葉による好意（７％）＋声による好意（38％）
＋顔による好意（55％）

もし，**それぞれのチャンネルが異なるメッセージを発信している場合には，数字が大きい方のメッセージが伝わる**ことになります。たとえば，言葉で好意を伝えても，行動や表情が嫌悪を伝えていれば，全体としては皮肉として伝わるとされています。好意の伝達では，言葉以外が言葉の12倍の力，支配－服従の伝達では５倍程度の力であるとされています。

覚醒や支配の次元については実験がないようですが，このモデルは他の感情次元にも一般化できるのではないかとマレービアンは考えています。たとえば，「頑張ります」と無表情で言ってもやる気があることは伝わらないことになります。あるいは，新入社員に対して部長が「おかしいと思ったことは忌憚なく伝えてほしい」と威圧的に言っても，その態度から新入社員は部長の言葉は本心からでないことを感じ，部長の批判などしない方が賢明だと感じとるだろう，という例も挙げられています。**言葉で「対等」であることを伝えても，威張った表情と姿勢が見えれば，非常に支配的なメッセージが届く**ということです。

文化間で比較した研究によると，言葉と声のトーンが異なる場合（たとえば，優しい声で叱る）と，特に日本人は言葉の意味そのものよりも，口調に影響を受けやすいという報告もありますので（Ishii, Reyes, & Kitayama, 2003），その場合特に気を付ける必要があるのかもしれません。

嘘をついているかどうかを見破る「欺瞞検知」についての研究でも，NVC のどのチャンネルが有力なメッセージとなるのかが調べられてきています。たとえば，誰が嘘をついているのかという判断をさせ，その際に，何を手がかりにしたのか，判断材料について回答を求めました。「発言内容」「話し方」，次に「表情」「視線」を選ぶ人が多いのですが，むしろ「手の動き」や「脚の動き」といった点を挙げた人に正解者が多かったという実験結果があります（大坊，1998）。「発言内容」「話し方」「表情」などは，比較的意識してコントロールできるものですが，あまり意識しないような手や脚の動きに着目する方が正しく嘘を見抜けると言えます。

もともとは，矛盾するメッセージは，精神疾患の子どもの親との面談の中で，「ダブル・バインド（double bind）」として，その悪影響が注目されました（Bateson, Jackson, Haley, & Weakland, 1956）。親が「こっちにきてキスして」という言葉とは裏腹に，子どもが近寄ってくると手が不潔だと感じ顔を背けたりするといった行動が繰り返されていると，子どもは近づけば良いのか悪いのか，混乱が生じるとされます。その結果，子どもは自分でも混乱したメッセージを発信することを学習してしまうという仮説が立てられました。「手を洗ってきて」と言葉にできないがために，NVC によって伝えてしまっているわけです。

一般に，人間関係における社会的規範から，良くない感情は言葉で直接言いにくいため，ついつい NVC に頼ってしまいます。「怒り」の感情は出してはいけないということから言葉にはしないが，からだがメッセージを放っているという具合です。「怒ってないよ」とブスッと言えば「怒っている」ことが伝わります。

NVC は効果的ですがコントロールが言葉より難しいだけに，「諸刃の刃」と言えるでしょう。「こんなこと言っていいのだろうか」と不安を抱えている際に，その感情が NVC を通して言葉と矛盾したメッセージとして伝わってしまわないように，言葉で気持ちの実況中継をすることが大事なのです。

また，逆に，他者の表情やしぐさも，こちらの勝手な思い込みである場合もあり（コラム④参照），相手の感情について自分が読み取っていることを確認した方がいい場合もあります，他者の感情を読み取る時も，自分の感情を伝える時も，言語化を避けると NVC を通した混乱が生じるリスクがあります。

最後に確認しておきたい点は，非言語の方がよく伝わるという研究が扱っているのは，あくまで感情だということです。**NVC で「事実・問題」や「要求・提案」が伝わるわけではありません**。言葉以外でいろいろなことが伝わりますが，その詳細まで伝えることは難しいですし，誤解も多く含まれます。大切なことは態度で伝えるのではなく，やはり言葉です。言葉があって，それに矛盾しないように態度を一致させることで，伝えたいことが最もよく伝わるのです。

コラム④　「怒った顔」は見つかりやすい

一般的には，不快感情を示す表情は素早く検出されます。

たとえば，たくさん並んでいる笑顔の中に 1 つある怒った顔は，逆の場合よりも素早く見つけられます（図 4 - 6 を参照）。これは，「人ごみの中の顔効果（face-in-the-crowd effect）（Hansen & Hansen, 1988）」とよばれています。怒っている顔や不機嫌な顔はついつい気にかかってしまうということです。微笑みなどの快表情ではそうでもないのですが，不快な表情をしている人の視線が自分に向かっている時にはより正確になることがわかっています（吉川・佐藤，2000を参照）。

怒りの表情をしている他者は攻撃的な行動にでる可能性があります。怒りの表情は危険信号なので，私たちはそれに敏感なのでしょう。

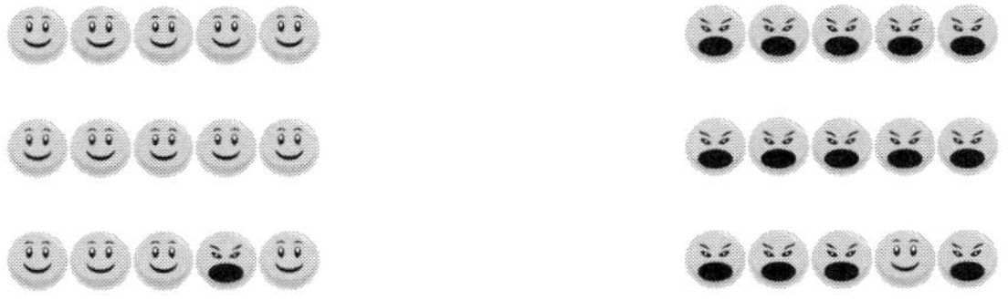

図 4 - 6　人ごみの中の顔効果（face-in-the-crowd effect）

ただし，敏感であるがゆえに，ほんとうは別にそうでもない時にさえ，怒っていたり，機嫌が悪そうに見えてしまうことも，またそのように見られてしまうこともありがちだということも覚えておきましょう。私たちは，「怒った顔」には敏感のようです。

3．言葉にすることで社会的な力が得られる

自分の想いを伝えるということに関する心理学として，最後に，言葉にすることで得られる社会的な力についての心理学を紹介しておきたいと思います。

態度で示していることをわざわざ言葉にすることには抵抗があるという人もいるかもしれません。最近では徐々に減っているように思いますが，アサーティブネスを紹介すると，日本の社会には向いていないという声が参加者の方からあがることが，時折あります。日本には「察し」の文化があり，言葉に出して言ってしまうことは無粋であり，言わなくても互いに通じあう「ツーカー」の仲が，よい関係であるという考え方です。

しかし，先に見たように，お互いがどう感じているか，考えているかはあくまで推測であり，さまざまな思い違いをしていることは頻繁にあります。「こんなことを感じているのは私だけだ」「こんなことを言っても，どうせ反対されるに決まっている」など，私たちは，ついつい相手や周りに「敵」を想像しています。**想いを口に出さないことで，孤立感を高めている**ことがあるのです。

世論研究の分野に，「沈黙の螺旋（spiral of silence）」とよばれる理論があります（Noelle-Neumann, 1984）。人は自分の意見が多数派であると思う時には，声高に意見を述べますが，逆に，少数派だと思うと，周りからの孤立を恐れて自分の意見を表明しなくなります。一定数の人々が実際には少数派意見を支持していてもそれぞれが沈黙してしまうことで，その意見は一層潜在化し，少数派であるという認識がますます強まっていきます。沈黙が沈黙をよぶのです。それが「沈黙の螺旋」という現象であり，人々が社会的な孤立を恐れるがゆえの現象だと分析されています。

逆に言えば，**「現状はおかしいと思う」という言葉を発すれば，「私も実はそう思っている」という人たちが次第に声をあげられるようになり，**

徐々にその輪が広がる可能性が高まるのです。もしかすると，多くの人が「おかしいと思っている自分がおかしい」「みんなは何とも思っていない」と考えているかもしれません。これを「多元的無知（pluralistic ignorance)」とよびます。「個々の集団メンバーは実質的には集団規範を拒絶しているにもかかわらず，他のメンバーはその規範を受け入れているだろうと信じている状況」と定義されています（岩谷・村本，2015)。たとえば，ある社会において実際には男性が家事や育児もやる方がいいと考える人がそれなりにいるにもかかわらず，それぞれが「多くの人がそれは男らしくないと思っている」と信じていることで，家事や育児に積極的になることを控えたり，あるいは実際に行っていても内緒にするなどして，表面化しないような状況です。宮島・山口（2014）は，職場における男性の育児休業の取得について，男性たちが多元的無知状態にあり，その結果，育児休業取得の姿勢を抑制することを見出しています。

以上のような現象は，人々が「想像する多数派」がその人たちに大きな影響を及ぼす可能性を示すものです。社会の中で多数派が力をもつこと，特に，好ましくない方向へ社会全体が流れて行ってしまうことが危惧され，心理学では多くの研究が行われました。その中で，セルジュ・モスコビッシ（Serge Moscovici）は，多数派の影響だけでは，いったんみんなが同じ意見になってしまうとそれ以上世の中が変化していくことがないはずだが，実際には，さまざまなことが変化していくわけで，そこには少数派の力が発揮されていると主張しました。そして，少数派が一貫した意見を繰り返し表明することで人々に影響を与えうることを実験で示しました（Moscovici, Lage, & Naffréchoux, 1969)。

その後，**意見を一貫して述べつつ，かつ柔軟な態度をとることでさらに影響力が増す**ことが示されました（Mugny, 1975)。ここでいう柔軟性とは，相手の意見にも理解や配慮を示す交渉スタイルとされています。これはまさに，アサーティブネスで言う「主張を繰り返すこと」「相手の意見を尊重しながら理解を示すこと」であり，少数派研究で見出されてきた原理なのです。

この章のまとめ

心理学でわかっていること	アサーティブネスでは
人はそれぞれ自分の世界に生きている	「事実・問題」や「要求・提案」は，具体的に，客観的に整理しよう
非言語的なメッセージは知らない間に多くを伝えている	言葉と態度を一致させよう
言葉にすることは社会的力を引き出す	まずは，言葉にしてみよう

引用文献

Alicke, M. D., & Largo, E. (1995). The role of self in the false consensus effect. *Journal of Experimental Social Psychology, 31*, 28-47.

Argyle, M., & Ingham R. (1972). Gaze, mutual gaze, and proximity. *Semiotica, 6*, 32-49.

Ashton, N. L., Shaw, M. E., & Worsham, A. P. (1980). Affective reactions to interpersonal distances by friends and strangers. *Bulletin of the Psychonomic Society, 15*, 306-308.

Bateson, G., Jackson, D. D., Haley, J., & Weakland, J. (1956). Toward a theory of schizophrenia. *Behavioral Science, 1*, 251-264.

大坊郁夫（1998）．しぐさのコミュニケーション—人は親しみをどう伝えあうか— サイエンス社

Davison, P. W. (1983). The third-person effect in communication. *Public Opinion Quarterly, 47*, 1-15.

Dickson, A. (2004). *Difficult conversations*. London: Piatkus.
（ディクソン，A. アサーティブジャパン（監訳）（2006）．それでも話し始めよう クレイン）

Efran, J. S., & Broughton, A. (1966). Effect of expectancies for social approval on visual behavior. *Journal of Personality and Social Psychology, 4*, 103-107.

遠藤由美（2007）．自己紹介場面での緊張と透明性錯覚　実験社会心理学研究，*46*,

53-62.

藤島喜嗣・町田玲奈（2005）．化粧行動におけるスポットライト効果：化粧行動の顕現性推測における自己中心性バイアス　昭和女子大学生活心理研究所紀要，*8*, 35-44.

Garcia, S. M. (2002). Power and the illusion of transparency in negotiations. *Journal of Business and Psychology, 17*, 133-144.

Gilovich, T., Medvec, V. H., & Savitsky, K. (2000). The spotlight effect in social judgment: An egocentric bias in estimates of the salience of one's own actions and appearance. *Journal of Personality and Social Psychology, 78*, 211-222.

Gilovich, T., Savitsky, K., & Medvec, V. H. (1998). The illusion of transparency: Biased assessments of others' ability to read one's emotional states. *Journal of Personality and Social Psychology, 75*, 332-346.

Hall, E. T. (1966). *The hidden dimension*. New York: Doubleday.
（ホール，E. T.　日高敏隆・佐藤信行（訳）（1970）．かくれた次元　みすず書房）

Hansen, C. H., & Hansen, R. D. (1988). Finding the face in the crowd: An anger superiority effect. *Journal of Personality and Social Psychology, 54*, 917-924.

Ishii, K., Reyes, J. A., & Kitayama, S. (2003). Spontaneous attention to word content versus emotional tone: Differences among three cultures. *Psychological Science, 14*, 39-46.

岩谷舟真・村本由紀子（2015）．多元的無知の先行因とその帰結：個人の認知・行動的側面の実験的検討　社会心理学研究，*31*, 101-111.

Kruger, J., & Gilovich, T. (1999). "Naïve cynicism" in everyday theories of responsibility assessment: On biased assumptions of bias. *Journal of Personality and Social Psychology, 76*, 743-753.

工藤恵理子（2007）．親密な関係におけるメタ認知バイアス―友人間の透明性の錯覚における社会的規範仮説の検討―　実験社会心理学研究，*46*, 63-77.

前川芽以（2012）．話者間の関係性から見るバックチャンネルと，その印象　近畿大学文芸学部文化学科　卒業論文要旨集2012年度，139-140.

Marks, G., & Miller, N. (1987). Ten years of research on the false-consensus effect: An empirical and theoretical review. *Psychological Bulletin, 102*, 72-90.

Matarazzo, J. D., Saslow, G., Wiens, A. N., Weitman, M., & Allen, B. V. (1964). Interviewer head nodding and interviewee speech durations. *Psychotherapy, Theory, Research and Practice, 1*, 54-63,

McGinley, H., LeFevre, R., & McGinley, P. (1975). The influence of a communicator's body position on opinion change in others. *Journal of Personality and Social Psychology, 31*, 686-690.

Mehrabian, A. (1981). *Silent messages: Implicit communication of emotions and attitudes.* CA: Wadsworth.

(マレービアン, A. 西田司・津田幸男・岡本輝人・山口常夫（訳）(1986). 非言語コミュニケーション　聖文社)

宮島健・山口裕幸（2014）. 多元的無知が男性の育児休業取得意図に及ぼす影響―反育休規範知覚の媒介効果―　第55回日本社会心理学会大会発表論文集, 72.

宮崎幸江（2007）. 日本人女性の聞き手としての行動：親疎と上下関係によるバリエーション　南雅彦（編）言語学と日本語教育V (pp. 157-174) くろしお出版

Moscovici, S., Lage, E., & Naffréchoux, M. (1969). Influence of a consistent minority on the responses of a majority in a color perception task. *Sociometry, 32*, 365-380.

Mugny, G. (1975). Negotiations, image of the other and the process of minority influence. *European Journal of Social Psychology, 5*, 209-228.

長岡千賀（2006）. 対人コミュニケーションにおける非言語行動の２者相互影響に関する研究　対人社会心理学研究, *6*, 101-112.

Noelle-Neumann, E. (1984). *The spiral of silence: Public opinion - Our social skin.* Chicago, IL: University of Chicago.

(ノエル＝ノイマン, E. 池田謙一（訳）(1988). 沈黙の螺旋理論：世論形成過程の社会心理学　ブレーン出版)

Pronin, E., Lin, D. Y., & Ross, L. (2002). The bias blind spot: Perceptions of bias in self versus others. *Personality and Social Psychology Bulletin, 28*, 369-381.

Ross, L. (1977). The intuitive psychologist and his shortcomings: Distortions in the attribution process. in L. Berkowitz (Ed.), *Advances in Experimental Social Psychology, 10.* (pp. 173-220). New York: Academic Press.

Ross L., Greene, D., & House, P. (1977). The "false consensus effect": An egocentric bias in social perception and attribution processes. *Journal of Experimental Social Psychology, 13*, 279-301.

Ross, M., & Sicoly, F. (1979). Egocentric biases in availability and attribution. *Journal of Personality and Social Psychology, 37*, 322-336.

武田美亜・沼崎誠（2009）. 共通基盤知覚がさまざまな内的経験の透明性の錯覚に及ぼす影響　対人社会心理学研究, *9*, 55-62.

竹内綾乃（2016）．接客時の笑顔に対する客の評価―笑顔に不快を感じることはあるのか―　近畿大学総合社会学部　卒業論文要旨集，104.

田中政子（1973）．Personal space の異方的構造について　教育心理学研究，*21*，223-232.

Tidd, K. L., & Lockard, J. S. (1978). Monetary significance of the affiliative smile: A case for reciprocal altruism. *Bulletin of the Psychonomic Society, 11*, 344-346.

Tversky, A., & Kahneman, D. (1974). Judgment under uncertainty: Heuristics and biases. *Science, 185*, 1124-1131.

Vorauer, J. D., & Cameron, J. J. (2002). So close, and yet so far: Does collectivism foster transparency overestimation? *Journal of Personality and Social Psychology, 83*, 1344-1352.

好井裕明・山田富秋・西阪仰（編）（1999）．会話分析への招待　世界思想社

吉川左紀子・佐藤弥（2000）．社会的メッセージ検出機構としての顔知覚―表情と視線方向による促進―　心理学評論，*43*，259-272.

Zimmerman, D. H., & West, C. (1975). Sex roles, interruptions and silences in conversation. In B. Thorne & N. Henley (Eds.), *Language and sex: Difference and dominance* (pp. 105-129). Rowley, MA: Newbury House Publishers.

第5章
自分への〈批判〉を扱う

自分にとって耳の痛い言葉を手放しで喜べる人というのは，あまりいないでしょう。誰だって，自分についてネガティブな指摘はできるだけ受けたくないと思うものです。「服のセンスが悪い」「髪が長過ぎる」「部屋が汚い」「朝機嫌が悪い」「いつも遅刻してくる」「仕事が遅い」「だらしない」「お金の使い方が間違っている」「やさしくない」など，外見，行動，態度，性格，価値観など，批判の範囲はさまざまです。明らかに悪意が込められているものもあれば，「叱責」「指摘」「注意」「嫌味」など，その形態もさまざまです。最近では「ダメ出し」という言い方も見かけます（繁桝，2010）。あるいは，何気ない感想かもしれないですし，言った相手は，ほんの冗談のつもり，場合によっては，ほめ言葉のつもりかもしれません。

このように内容や形態はさまざまですが，ここでは，自分にとってネガティブな言葉，言われて嫌だなと思う言葉を〈批判〉としておきます。

相手の意図がどうであれ，〈批判〉の言葉が飛んでくると，傷ついたり，悲しかったり，恐かったり，腹が立ったり，恥ずかしく思ったりします。しかし，中には，ありがたいと思える〈批判〉もあるかもしれません。その時には，ムカッときたけれども，後になってその言葉に感謝したという経験もあるでしょう。危険なことを避けるため，仕事や課題をよりうまく進めるため，人間的成長を期待してなど，自分のことを慮ってこそ苦言を呈してくれたというものも少なくはありません。**言われる側にとっては〈批判〉の言葉は何らかの脅威を感じさせるものですが，成長をもたらすヒントを含んでいる可能性もある**ものなのです。

さまざまな想いや意図が含まれている〈批判〉の言葉をアサーティブに扱うことで，必要以上に傷つくことなく，また，怒りに振り回されることなく，〈批判〉を活かすこともできます。本章では，自分に向けられる〈批判〉にどう対処すればいいのか，ポイントを説明したうえで，〈批判〉の扱いに役立つ心理学を紹介します。

1 アサーティブネスにおける〈批判〉の扱い方のポイント

1．〈批判〉を怖がらない

誰かから〈批判〉の言葉が投げかけられた時，日ごろどうしているでしょうか。第1章で見た，3つのコミュニケーション・パターンのうちどれをよく用いているでしょうか。

相手を責めたり傷つけてしまう「攻撃型」のコミュニケーションであれば，〈批判〉は，相手から自分への果たし状です。自分が勝つには，相手をやり込めるために〈批判〉の言葉を投げ返さなければなりません。「誰に向かって言っているんだ！」「そういうあなたこそ，人の気持ちを考えてないじゃない！」など，相手を威嚇したり，反撃したりします。「説明が少しわかりにくい」と言われれば，「こんなこともわからないのか」と相手を見下すこともあるでしょう。時には倍返しします。あるいは，批判されそうだと察知すると先制攻撃にでるかもしれません。

主張しないままでいる消極的な「受身型」コミュニケーションであれば，相手からの〈批判〉に，「やっぱり私はダメなんだ」と落ち込んでしまうでしょう。飛んできた〈批判〉は矢となり，胸にぐさりと突き刺さり，致命傷となってしまっているかもしれません。自分が気に入っていた服であっても「なんか変じゃない？」と言われてしまえば，タンスの底で眠り続けます。あるいは〈批判〉の矢を恐れて，飛んできそうな場から逃げ回っているかもしれません。廊下の向こうに先日注意をしてきた上司を見かけたとたん，くるりと向きを変え，階段の踊り場に逃げ込んだりします。

また，それとなく相手を動かそうとする「操作型」であれば，その場では相手からの注意を受け止めているような振りをしながら「いまに見ていろ」と根にもち続け，相手が似たようなミスをした時に，ここぞとばかりに「あら，確か先週『そんなことをするのは仕事に集中していないからだ』と言っておられましたよね」と嫌味たっぷりに言い返すでしょう。あるいは，聞いているふりをしながら，無視するかもしれません。

第１章で見たように，これらは性格ではありません。相手によって，状況によってパターンは異なるでしょう。友だちからなら聞けることでも親に言われるとつい言い返してしまうとか，同僚なら受け止められても上司に言われると立ち直れないかもしれません。もちろん相手の言い方にもよるでしょう。相手が攻撃的なら受身的になるかもしれないですし，操作的であればムカッとくるかもしれません。１対１でなら聞けることも，他の人の前で言われるとカチンとくるとか，時間のある時なら受け止められるけれども，出掛けの忙しい時に言われると怒鳴り返してしまうといった，状況による違いもあるでしょう。

誰から，何について，どういう状況で言われると，どのように反応してしまうのか，自分のくせを知っておくといいでしょう。それがわかっていると，腹が立ったことも，落ち込むことも，状況のせいである部分もあると，感情の引き算ができます。その人からでなければ，その時その場でなければ，〈批判〉から受けるショックや悲しみ，怒りも，もっと少ないだろうと思えれば，〈批判〉の内容そのものについての不安や落ち込み，怒りを見直すことができます。

〈批判〉の言葉からさらに引き算をしてみます。上で見たコミュニケーション・パターンですが，３つに共通しているのは，相手からの批判の言葉を受け止めていない，ということです。打ち返したり，胸に突き刺してしまったり，無視したりしているのです。なぜ受け止めようとしないかというと，怖れているからです。人からの〈批判〉の言葉は，自分がダメであることを客観的に示しているように思うからです。

しかし，第４章で見た，「人はそれぞれの現実を生きている」ことを思い出してください。相手からの〈批判〉はあくまで，その人の価値観に基づき，その人が現実であると思っている，主観的な言葉なのです。ですから，〈批判〉イコール「自分のダメなところ」とは思わないことです。そうではなく，「この人にはそう見えるんだ」「この人はそう思っているんだ」ととらえてみてください。あるいは，その人だって，本心ではないのに言葉にしている場合もありますから，「私はそうなんだ」ではなく，とりあえず**「今この人はそう言った」という事実として受け止めてください。**

2．〈批判〉をいったん受け止め，そしてよく眺めてみる

①まず受け止める

このように〈批判〉を，イコール「自分のダメなところ」と思い込んでしまうことなく，発せられた１つの言葉であると思えば，受け止めやすくなります。とにかくまずは，一度〈批判〉をしっかり受け止めましょう。ついつい言いたくなる言葉，「でも」「だって」「そんなこと言うけど……」などと，即座に反撃にでないことです。

ここで誤解しないでほしいのは，「受け止める」とは「受け入れる」ことではないということです。イメージとしては，飛んできた〈批判〉のボールを，胸の前で，手でキャッチする感じです。受けて，**自分の手前で「止める」ことを意識してください。**

もちろん，〈批判〉の言葉が飛んできた時には，驚いたり，悲しかったり，悔しかったり，傷ついたりするでしょう。その時湧き上がってくる感情は否定しないでください。第３章で見たように，自分の感情には誠実に向き合うこと，そして必要ならば，言葉にすることです。その時に大切なことは，相手を攻撃しない，安全な形でその気持ちを表現することです。相手からの〈批判〉のせいでそう感じるのではなく，あくまで自分がそのように感じているということを伝えてください。「あなたのせいで落ち込んでいる」ではなく，「○○という言葉は，私にはこた

えます」です。第２章のエリスの ABC 理論で見たように，相手からの〈批判〉に対してどう感じるかには，自分の信念が介在しています。同じ言葉を言われても傷つくこともあれば，何とも思わないこともあります。人によって，状況によって違います。今傷ついているのは事実ですが，それを相手のせいにしないことです。それが，自分の感情に対して「自己責任」を引き受けることなのです。

〈批判〉の多くは突然やってきます。上司から「話があるから来るように」など，〈批判〉の到来の予想がつくこともありますが，たいていはふいをつかれます。想定外の〈批判〉に一瞬息が詰まることもよくあります。ですから，体の緊張を解くために，とっさの短い言葉を日ごろからもっておくといいでしょう。安全で，とりあえず息を吐けるセリフです。言い方には気をつけてください。「え〜〜〜」と反発するような響きであるとか，「はぁ？！」と相手を見下すようなものにならないように気をつけてください。「おっと！」「が〜ん」「うわっ」「来た！」など，何かお気に入りをもっておくことです。職場では口に出すのは不適切な場合が多いですから，それを心の中でつぶやくだけで結構です。

そして，次に，受け止める言葉です。相手からの〈批判〉を単に心の中で受け止めるだけではなく，それを言葉に出して相手に伝えてください。「そう見えていたんだ」「そうですか，そう思われていたんですね」や，あるいは「なるほど」と受け止め，「私の部屋が汚いと」と，相手の言葉を繰り返してもいいでしょう。「そうですか，仕事が遅いと思っておられるのですね」「そうなんだ，あなたにはやる気がないように見えているんだ」などです。

これらの「なるほど」「そうですか」というのは，相手が言ったことを「私は聞きました」というサインです。それを伝えないと，相手は伝わってないと思い，何度も繰り返したり，もっと言いたくなるというケースもあるようです。

②中身を眺めてみる

相手からの〈批判〉を受け止めた後，次にすべきことはその中身を眺めてみることです。その〈批判〉が「当たっている」「当たっていない」「わからない」のうちどれであるかを判断します。細かくは6つに分けて考えてみてください（表5－1）。

たとえば，「部屋が汚い」というのは，確かにそうだけど，自分としては居心地がいいと思うのであれば，「①当たっているけれどもこのままでいいと思っているもの」になります。あるいは，「字が読みにくい」と言われて，自分で書いたくせに何て書いたのか読めないことがあり，もう少しきれいに書けるようになりたい，と日ごろから思っているのであれば，「②当たっており自分でも何とかしたいと思っているもの」に該当します。

これらについては，率直にそのまま相手に伝えます。①であれば，「おっしゃる通りです。でも，この方が自分はリラックスできるのです」などです。②であれば，改善に向けて努力をすることを伝えたり，改善のための何かいい方法を知っているか尋ねてみたりするのもいいでしょう。「確かに読みにくいですよね。自分でも何とかしないとと思っているんです。何かいい教材ご存じないですか」「ほんとうにそうですね。もう少し頑張ってみます」などです。これらは，相手の言っていることに同意するわけですから，比較的言いやすい状況です。

それに対して，③から⑥は多かれ少なかれ相手との間に葛藤が生じるので言いにくい状況です。心の中に渦巻いている気持ちのせいで言い出

表5－1　〈批判〉の分け方

当たっている	①自分ではこのままでいいと思っているもの ②自分でもなんとかしたいと思っているもの
当たっていない	③否定した方がいいと思うもの ④聞き流した方がいいと思うもの
わからない	⑤あいまいでそのままではわからないもの ⑥考えるにはつらすぎるもの

せないのであれば,「お言葉を返すようで，とても言いにくいのですが」「こんな風に言うとあきれられるかもしれませんが」など，第３章で紹介したように，気持ちの実況中継をして，話し出しましょう。

では，まず,「当たっていない」と思う場合です。率直に自分の考えを伝えるのが「③否定したほうがいいと思うもの」です。受け止めた後で，自分と相手の感じ方，考え方の違いを伝えます。「そんなおつもりではないかもしれないですが,『馬鹿じゃない？』と言われるととても落ち込みますので，その言葉は使わないでいただけないでしょうか」「あなたには周りの人のことを考えていないように見えるかもしれないけど，私なりに考えているつもりよ」など，否定の言葉を毅然と伝えるケースです。

「当たっている」「当たっていない」の判断はあくまで自分の基準で行うものです。ただし，**自分で「当たっている」と思う①や②でも，もう少し〈批判〉をじっくり眺めてみると，案外，受け入れる必要のない場合もよくあります。**

その１つは，レッテルを貼られている場合です。レッテルとは決めつけです。「いつも書類にミスがあるよね」と言われた時,「毎回」ではないのであれば,「確かに前回は間違いがありましたが,『いつも』というわけではないです」と否定できます。『絶対に』『必ず』などの言葉はたいていの場合決めつけです。

「だらしないよね」など，そのような性格だと決めつけてくるものもあります。「確かに先月は，遅刻が多くなってしまいましたが,『だらしない』という言い方はやめてください」,「一人っ子だからわがままなんだね」という言葉に対しては,「一人っ子ですが，わがままというわけではありません」など，実際の行動や事実と「決めつけ」を分けてみてください。そして,「決めつけ」の部分を否定してください。

あるいは，言われてもどうしようもないものもあります。たとえば，私は身長が170 cm あるのですが,「背が高すぎる！」と言われても，かがんだり，座ったりして済むならいいですが，背丈を削ることはできません。体格，年齢，生まれ，あるいはすでに過去に起きてしまった出来事や行動など，「そう言われても，それぱかりはどうしようもありません。何か他の点で問題解決できそうなものはありませんか」など，変えられないものについての〈批判〉は否定しましょう。

また，「５分遅れたくらいで怒らないで」「ペットが死んだくらいで落ち込むなよ」など，感情に対する〈批判〉も不当と考えていいでしょう。感情は湧き上がってくるものですから，それ自体を否定されるものではありません。ただし，表現の仕方は行動ですから，変えられる可能性はあります。「怒ってものを投げるなんて」「何時間もペットの思い出話しかしないなんて」という〈批判〉であれば，感情を表現する行動として何か別の選択肢が考えられるかもしれません。

「当たっていない」と自分で判断したうえで，「④聞き流す」という選択肢もあります。自分自身でその選択ができるのであれば，不当に傷つくことは避けられます。ただし，その選択には，「自己責任」が伴いますから，後で仕返しをしたり，根にもつことがないように心がけてください。

最後に，〈批判〉の中身が「わからない」場合です。「決めつけ」だけで，どんな事実や行動を指しているのか思いつかない場合があります。「冷たい人だ」と言われただけなら，「⑤あいまいでそのままではわからないもの」です。〈批判〉は言葉自体の衝撃が強いためか，中身もわからないのに，その言葉を受け入れてしまうケースが多いように思います。その〈批判〉の中身が何であるのかが具体的になるよう尋ねてください。「『冷たい』って，どんなことでそう思う？」「『無責任だ』とおっしゃいましたが，たとえば，どの点からそう思われたのでしょうか」など，情報を求めることで，何か変えることのできるものが見つかり，問題解決の糸口がつかめるかもしれません。

〈批判〉の中身がわからないもう１つのケースは，その言葉が自分にとって深い部分で傷つくもので，それを言われると何も考えられなくなってしまうような場合です。過去に大きな衝撃を受けたり，苦しかったり，怒りで震えたりといった，非常に強い情緒反応があったもので，まだ自分の中で十分に対処できていないため，〈批判〉の言葉がその反応を引き起こしてしまう場合です。たとえば，小学校の時に『真面目人間』と言われ，いじめを受けた経験のある人にとって，「真面目すぎるんだよ，ちょっと肩の力を抜いたら」という何気ない言葉は，心に突き刺さる「⑥考えるにはつらすぎるもの」かもしれません。情緒反応があまりに強い場合，アサーティブに対応することは難しくなります。その場は，とりあえず聞き流すなり，最小限の対処にしておきましょう。カウンセリングを受けるなど，だれかにじっくり聴いてもらうことが必要かもしれませんし，癒えるまでには時間が必要かもしれません。

3．〈批判〉の中身と怒りを分ける

〈批判〉が怖い理由の１つには，〈批判〉はしばしば相手の怒りと共にやってくるからです。相手がかなりのテンションで，怒りを感情的にぶつけてくると，相手が何を言っているのか，〈批判〉の中身をじっくり眺めることはできません。

これまで見てきたように，アサーティブネスという道具は，じっくり自分に向き合い，何をどう伝えるのかを事前に模索したうえで，ヒートアップすることなく相手に向き合うというものです。もちろん，練習を重ね，アサーティブネスが身についてくると，とっさの場合にもアサーティブに対応できるようになりますが，難しいことには違いありません。ですから，先に紹介した〈批判〉への対処も，その場でできる最小限のものになっています。もし批判された内容について相手との話し合いが必要となってくるならば，むしろ，あらたに場を設定してください。そうすれば，お互いに考える時間もできます。

最小限のステップさえも難しい場合には，その場を離れることも選択肢の１つです。「ちょっと気持ちを落ち着けるために，５分だけ待ってくれない？」と，相手にお願いすることが可能なようなら，そうしてください。その間に自分の気持ちを落ち着かせる方法を使うことができます。これも，日ごろからいくつかもっておくといいでしょう。

アサーティブネス・トレーニングでブレーンストーミングをするといろいろなものが出てきます。たとえば，大きく息を吐く，ストレッチをする，顔を洗う，温かい飲み物を口にする，お気に入りのものに触れる，トイレの水を流すなどです。あるいは，自分への呪文の言葉のようなものをつぶやくというのもよく出てきます。短い時間にできる，ちょっとしたことです。

とはいえ，職場などで叱られている際に，「ちょっと失礼します」とは言えない場面も数多くあります。場を離れられない時に使える方法ももっておきましょう。たとえば，小さく長い呼吸をする，手のひらを握ってから広げる（弛緩させるためです）など小さな動作です。あるいは「単なる１つの批判だ」「きた～」「自分はOK」など，批判の矢をそのまま自分の胸で受け止めないための言葉を，心の中でつぶやくといったことです。

もし相手が殴り掛かってきそうだったり，刃物を持っているなど，身体への危険が迫っているようなら，もちろんすぐにその場を離れてください。アサーティブネスは，護身術ではないので，そんな場面で使う道具ではありません。

そこまでの危険がなく，自分もその場で，相手の言葉に耳を傾けられそうであれば，まず「相手は怒っている」ということを認めましょう。「そんなことで怒らなくてもいいのに」など相手の感情を否定するのではなく，アサーティブではないけれどもその感情を相手なりのやり方で表現しているんだ，と分析してみてください。もし，その相手がよくそういう表現方法を用いるのであれば，逆に「いつものやり方だな」と冷静になれるのではないでしょうか。その次に何が起こるのかも予測はつきやすいはずです。

また，相手の怒りを鎮める責任が自分にあるとも思わないでください。コミュニケーションの「自己責任」を思い出してください。怒りを攻撃的に表現しているのは相手です。それに応じて反撃するのではなく，そのような戦いには自分は参加しない，という気持ちをもってください。その時には，落ち着いた声，姿勢など，ボディ・ランゲージが大切です。売り言葉に買い言葉のように，相手の攻撃的な言動に応戦しなくても大丈夫です。なぜなら，アサーティブなやり方があるのですから。

以上，飛んでくる〈批判〉をアサーティブにどう扱うのかを説明しました。まとめると，**相手の怒りに巻き込まれないで，まずは，いったん〈批判〉の言葉を受け止める（聴く）こと**です。そのことを相手に伝え，また言われた気持ちを適切な短い言葉にします。そして，**〈批判〉が何を言っているのか眺めたうえで，自分で正当だと思う〈批判〉は受け入れ，不当だと思う〈批判〉であれば自分はそう思わないことを伝えたり，相手がなぜそう言うのか尋ねたりします**。

繰り返しになりますが，ポイントは，〈批判〉とは相手の見方，価値観の表現であり，客観的にあなたの欠点を記述しているわけではないということを忘れないでください。ましてやその人の言葉が絶対的である，ということではないことを思い出すことです。その態度は，自分を大切にすることであり，かつ相手の言い分にも耳を傾けること，つまりは相手を大切にすることでもあるのです。

そして，相手がそう言ってくるのはなぜなのか，根本的な問題は何なのかに目を向けてみると，〈批判〉は問題解決にとって絶好のチャンスかもしれません。自分が何かすることでその状況を変えられるのか，今後のやるべきことが見えてくるかもしれません。たとえば，「仕事が遅い」と言ってくる上司は，何を求めているのか，自分の何をわかってもらえていないのか，何を知らないのかということが明らかになるかもしれません。今あまりに多くの仕事が回ってきてしまっている状況について手を打つべき時であることを，交渉のテーブルの上に乗せることができるかもしれません。信頼しあえる関係，風通しの良い場，効率的で効果的な仕事の仕方など，よりよい状況へと進める一歩となるかもしれないのです。

2 アサーティブに〈批判〉を扱ううえで，役立つ心理学の話

教育現場や家庭で大人が子どもをどう叱ればいいのか。職場で上司が部下をどう叱ればいいのか。私たちの社会では，こういった疑問への答えを多くの人が求めているようです。それを受けて，心理学では「叱責」についてこれまで数多くの研究が行われてきました。より広い意味では，相手の好ましくないことを指摘するということで，これらは広く「ネガティブ・フィードバック」とよばれています。言われた人が「ダメ出し」や叱りの言葉を受け止めてくれ，動機づけが高まったり，勉強や仕事の能率があがり，パフォーマンスが向上したり，叱り手と受け手の関係がよくなったり，そんな風にネガティブ・フィードバックがポジティブな効果をもたらすための研究がなされてきました。

どう叱ればいいのか，という悩みに対して，「怒るのではなく叱ること」「人格ではなく行動を叱ること」「相手がわかる言葉を使うこと」「相手の成長を願って伝える」など，叱る際の留意点がいくつか呈示されてきています。これらは，すでに第4章で，自分の想いの伝え方のポイントとして挙げたものです。**感情を適切な言葉で表現すること，変化可能な具体的な要求にすること，相手を理解すること**などです。

どう叱るかという研究が蓄積されてきた一方で，自分に飛んできたネガティブ・フィードバック，ダメ出しにどう対処すればいいのか，という受け手側の対策に関する研究はほとんどありません。多くの研究では，叱責やネガティブ・フィードバックを受けた時に受け手がどのような気持ちになるのか，どのように行動するのかを測定していますが，あくまで送る側の視点です。受け手が傷つかず，送り手からのメッセージを受け取り改善に向かえるような，また，送り手と受け手の関係がよくなるような叱責の内容や伝え方に焦点が当てられています。

そこで，ここでは，送り手についての研究から，受け手側に役立つ点を拾い出し，それらを活用する視点を示したいと思います。

1．〈批判〉の言葉は，自分のすべてではない

この章の最初に述べたように，「〈批判〉＝自分」としてとらえてしまうと，批判されると自分はダメな人間だと，否定的な自己イメージが決定されてしまいます。それは程度の差はあれ，落ち込むことであったり，恐ろしいことであったり，恥ずかしいことであったり，不快なことです。しかし，〈批判〉は自分のよくないところについての客観的な記述ではありません。もう一度繰り返しますが，「人はさまざまな現実を生きている」のであり，相手に見えていることは，あくまでその人の世界であり，それが正しい世界というわけではありません。相手からの〈批判〉は単に１つの見方である，という意味で，「〈批判〉＝自分」ではありません。

「〈批判〉＝自分」ではないというもう１つの意味は，たとえその〈批判〉が当たっているとしても，それが自分のすべてではないということです。その人との関係やその場，あるいはその時には，確かにそういう面があったかもしれませんが，他の人との関係や，別の場，あるいは別の時には，また異なる自分がいます。ここではこういった認識がもつ力について見てみましょう。

①自分の中の多様性を意識することの強み

心理学には，「アイデンティティ（identity）」という概念があります。日本語では，「同一性」と訳されています。同一性とは，自分が独自な一人の人であるという感覚とも言えます。バラバラではない統合された自分という自己イメージです。自分にも他の人にも，一人の人だと認められていること，そして過去の自分も，現在の自分も一貫して同じ自分だと自覚することです。

そして，そのアイデンティティを確立することが人が成長する際にクリアすべき課題であるという考え方があります。ですから，ある場面では，とてもおとなしい人が別の場面でとても積極的だったりすると，私たちは「どっちがほんとうのあの人なんだろう」と不思議に思ったりし

ます。あるいは，ある残忍な事件が起こった際に，容疑者のことを知る人から「あの人がそんなことをするなんて信じられない。別人のようだ」といった驚きの言葉がでてきます。八方美人とか風見鶏，日和見主義など，私たちの社会では，相手によって態度を変える人に対する評価はあまり良くないようです。私たちは，自分には比較的一貫した何か（「性格」という言葉が使われますが）があり，いつでもどこでも同じような一貫した行動パターンがあるはずだ，あるいは，そうあるべきだ，という考え方があるようです。

しかし，実際には，相手や場によって，ずいぶんと自分の振る舞いは異なるものです。心理学には，「自己複雑性（self-complexity）」という概念があります。パトリシア・リンヴィル（Patricia Linville）が提唱した自己知識の多面性を示す概念です（Linville, 1987）。たとえば，私には「学生にとっての大学教員としての私」「同僚にとっての同僚としての私」「家での仕事中の私」「娘にとっての母という私」「両親にとっての娘という私」「友人Aにとっての友人としての私」「友人Bにとっての友人としての私」など，さまざまな場面での私が感じられます。そして，それぞれには共通する部分もありますが，異なる部分も多くあります。**自己複雑性とは，このようにいろいろな自分があるという認識（多面性）と，それぞれが異なると感じる程度（分化度）からなります。**

近年，この自己複雑性の高さはメンタルヘルスの高さに関連しているとする報告があります。**自分の肯定的な側面での自己複雑性が高い人は，日々の生活への満足感や幸福感が高く，抑うつ傾向が低い傾向にある**とされています（たとえば，川人・大塚，2011；佐藤，1999）。つまり，さまざまな場面や関係において，それぞれで異なる良い側面を自分で認識できていると，精神的に健康であると言えます。一方で，否定的な側面での複雑性は抑うつ傾向を促進するとされています。

自己複雑性が高いと，何か自分の評価にとって好ましくないことが起きた場合でも，それは自分のごく一部であり，他に良い側面がたくさんあるということを認識できるのです。悲しい時や苦しい時に，楽しいことや自信をもてることを思い出すことによって，気分を回復し，否定的な体験を緩和することができるということです。ですから，誰かから〈批判〉の言葉が飛んできた時にも，別の場面や別の相手との関係の中での肯定的な自分を複数思い浮かべられると，ダメージが少なくなると言えます。

逆に，楽しい時やうれしい時に，否定的な側面を思い出すことの重要性も指摘されています。プラスの状態にある時であれば，過去の否定的な側面を思い出しても，自分に欠点もあることも受け止められやすく，そのうえで頑張ってみようという動機づけを高めることができると佐藤(1999) は述べています。つまり，**起きた出来事とはプラス・マイナスという点で逆の自分の複雑さを思い起こせることは，感情のバランスを維持するうえで重要**だとされています。

そのためにも，日ごろから，さまざまな人と出会い，その中で新たな自分の側面を感じておくことです。特に，〈批判〉への対処という点で言えば，肯定的な側面における多様性を認識しておくことが大切です。そして，気持ちが安定している時に，〈批判〉について振り返ってみることです。そのことにより，強みも弱みもいろいろある自分を受け止めること，つまりは，自尊心を高めることになると言えます。

川人・堀・大塚 (2010) は，自己複雑性について簡単なレクチャーを受けてもらい，その後数日，就寝前にその日気づいた自分の側面を書き出してもらうという課題によって介入を行ったところ，肯定的な自己複雑性が上がり，抑うつ傾向が下がったとしています。夜寝る前の10分でも，振り返りを続けてみるといいようです。

②今，どんな自分を知りたいのかを考える

また，〈批判〉に対する自分の態度の多様性も意識しておくといいでしょう。つまり，〈批判〉を受け止めやすい時もあれば，耳を傾けたくない時もある，ということです。シェイクスピアのハムレットの中に出てくる「汝自らに正しくあれ」というセリフをもじって，人が自

表5-2　自己評価における動機づけ（Sedikides & Strube, 1997に基づき作成）

汝自ら……	動機づけ	内　容	フィードバックへの態度
正しくあれ true	自己査定	自分のことを正確に把握したい	自分では不確かな面についてフィードバックを求める
より良い者であれ better	自己改善	自分がより良くなるための情報を得たい	否定的なフィードバックも求める
良き者であれ good	自己高揚	自分を優れたものとして肯定したい	肯定的なフィードバックは受け入れる
確かであれ sure	自己確証	自分の思っている自分を確かめたい	自分が当たっていると思えるフィードバックは受け入れる

分について知ろうとする際の動機が4つに整理されています（表5-2）。

自分自身についてきちんと知っておきたいという動機（自己査定動機）が高い時には，より正確な判断を求めます（Strube & Roemmele, 1985）。さらに，今の自分を知るだけではなく，より高めたいとする自己改善動機が高ければ，自分の問題を指摘してくれる情報を求めます。特に，自分の状況について危機感を抱いていると自己改善動機が生じやすく，経験者や自分より優れた人にアドバイスを求める傾向にあります（Taylor, Neter, & Wayment, 1995）。

これら2つの動機があれば，フィードバックの内容が自分にとってプラスであっても，マイナスであっても耳を傾けようとするのに対して，他の2つ，自己高揚動機や自己確証動機が高いと，自分にとってネガティブである〈批判〉，あるいは当たっていないと思える〈批判〉を受け止めなくなります。

これらの動機には個人差もありますが，状況によっても変動すると考えられています（Sedikides & Strube, 1997）。自分が今〈批判〉を恐れている，受け止めることさえできないという場合には，自分の中の動機を意識してみるとその理由がわかり，恐れや不安の正体がつかめるかもしれません。そして，今耳の痛い〈批判〉を受け止められないのは，落ち込んでいて優れた自分を認識していたい気持ちが強いからで，明日少し元気になって，自分を改善しようという前向きな気持ちになれば受け止めることができるかもしれないのです。落ち込んでいる今，無理をしなくても大丈夫なのです。

2．〈批判〉にはいろいろなものが含まれている

この章の最初に述べたように，〈批判〉は自分の良くないところについての客観的な記述ではありません。〈批判〉には，さまざまなものが含まれています。表5－3にまとめてみました。ここでは，叱る側，〈批判〉する側を送り手，叱られる側，〈批判〉される側を受け手と一般化しています。

たとえば，叱責に関する研究の中で，叱り言葉に含まれるものとして，「話し方が暗い」「仕事が遅い」など，受け手の行為の善悪についての記述がありますが，それには送り手の価値観が含まれていると考えられます。叱りには，「不当な行為の指摘（何が良くない）」「その改善の要求（だからどうするべきだ）」，そして「それらを包括する価値体系の伝達（何が大事か，何が当然か）」という要素が含まれているのです（阿部・太田，2014）。たとえば，「話し方が暗い」という〈批判〉には，「暗いのは良くない」という価値観があります。「机の上を散らかしたままだ」という批判には，前提として「整理整頓は大切だ」という価値観や，「机の上といえども公共の場だ」という前提が含まれています。あるいは，きれい好き，完璧主義といった送り手自身の傾向も入っています。

表5－3　〈批判〉に含まれる可能性のあるもの

カテゴリー	内　容
感情的要素	怒り，フラストレーション，焦り，落胆，嫉妬，妬み，心配といった送り手の感情
情報的要素	受け手の行動，習慣，性格について，送り手は何が不当であり，何が問題だと考えているのか，送り手の認識
価値的要素	送り手が何を大事にしているか，当然と思っているかといった送り手の価値観や暗黙の前提
性格的要素	送り手がどういう傾向をもつのか，送り手の特性や傾向
関係的要素	受け手に対する成長や改善の期待，逆に受け手に対する攻撃的意図，あるいは無意図といった送り手の願いや意図

つまり，人が何かをある点から〈批判〉するということは，ある意味，その人の価値観を伝えていることなのです。人が叱る時とは，現在あるいは過去の状態が，ある基準に達していない時です。常識，マナー，規則，客観的目標といった規律的基準から外れている時や，予想や期待といった期待的基準を下回っている時なのですが，それは，あくまでその人の基準であり，〈批判〉にはそれが含まれているのです。

あるいは，受け手に変わってほしいという改善欲求も含まれますが，その前提には良くなってほしいという成長期待やそう思うだけの受け手への関心，「言えばわかるだろう」「できるはず」という受け手についての能力評価も含まれています（遠藤・吉川・三宮，1991）。受け手もそれは感じ取っているようです。何か失敗をした時に自分の責任が小さい時であれば叱責されないと「許してもらえた」と感じる一方で，責任が大きいにもかかわらず叱責がないと「見放された」と感じ，叱ってくれない相手についての印象が悪くなり，その後その人と関わろうとしなくなる傾向にあるという研究結果もあります（川内，2016）。

つまり，〈批判〉には自分は何ができていないか，どこがダメなのか，といった情報だけではなく，相手が何を大事にして，何を期待しているのか，相手の心理についての情報がつまっているのです。このように視点を変えると，〈批判〉がもつ問題解決にとっての有効性が発揮されます。もし〈批判〉が不当だと判断した場合，どこにお互いの相違点があるのかが見えてくるかもしれません。自分はどうでもいいと思っていることが相手にとって重要なのかもしれません。自分にはそんな経験はないから何とも思わないけれど，相手は苦い経験からそのことを問題だと感じているのかもしれません。あるいは，お互い把握できていると思っていた事柄について，実際には現状についての理解がずれていたり，過不足があるのかもしれません。価値観，経験，認識のズレを探ってみると，〈批判〉に対する怖さも低減されるのではないでしょうか。

ただし，すべての〈批判〉に，相手の価値観や期待が含まれているわけではありません。〈批判〉の中には，もはや〈批判〉とよべないような，単なる八つ当たりというものもあります。それが非常に攻撃的な言葉やボディ・ランゲージとなり，そうやって投げつけられた〈批判〉はとても恐ろしいもの，あるいは腹立たしいものかもしれません。こういった相手の攻撃性に巻き込まれないために，怒りという感情をめぐる心理学について，最後に見ておきたいと思います。

3．怒りと思えるものにもいろいろある

先に述べたように，叱り方についての研究で，頻繁に出てくる留意点は「怒るのではなく叱りなさい」です。現在，自分の怒りをどう管理するか，いわゆるアンガー・マネージメント（怒りの管理）についての情報があふれています。冷静に告げられる〈批判〉もありますが，しかし，実際には，しばしば〈批判〉は怒りの表現，それも感情的に表現されます。表5-4に示したように，私たちが怒りを経験した後には，さまざまな行動があり得ます。大きな声，威圧的な態度といった攻撃的なコミュニケーションであったり，あるいは，見下しや皮肉といった操作的なコミュニケーションであったりします。形をさまざまにして，怒りは攻撃的な表現をとります。

叱り方と同様，怒りについても，どう自分がコントロールすればいいのかという理論や技法は数多くありますが，相手の怒りに直面した時にどうすればいいのかについての研究はあまりありません。受け手としてこういった怒りの表現に対処するには，何を知っておくといいでしょうか。ここでは，2つのことを紹介します。1つは怒りという感情の複雑

表5-4　怒りの表出行動（阿部，2002；日比野・湯川，2004；日比野・吉田，2006を参考に作成）

カテゴリー	行動例
行動・態度での攻撃	罵声，姿勢，睨む，詰め寄るなどボディ・ランゲージによる攻撃
言葉での攻撃	暴言，威嚇，見下し，皮肉などの発言
操作的攻撃	噂の流布，無視，大切なもの・人への攻撃
社会的共有	第三者への告げ口，愚痴
攻撃転嫁	人や物への八つ当たり

さであり，もう１つは分析的態度の有効性です。

①怒りは他の感情と紙一重

怒鳴り声や「馬鹿野郎！」など，相手からの攻撃的な態度や言葉に私たちは「怒り」という感情を見ます。あるいは欲求不満や焦りを見ます。しかし，実は，そういった攻撃的表現の背後にあるのは，怒りとは正反対の感情と思えるような「恐怖・不安」という場合もあるのです。たとえば，親が子どもの帰りが遅くて何かあったのではと心配している中，パートナーからの「遅いよね」という一言に「何のんきなこといってんのよ！」と思わず怒鳴ってしまうというケースを思い浮かべてください。「何かあったのでは」という不安が大きいがゆえに，怒鳴り声となってしまうのです。

実は，不安や恐怖は，怒りと近い感情であり，共に交感神経系の生理的覚醒に対する反応なのです。まとめて，闘争－逃走反応（fight-flight reaction）とよばれています（Cannon, 1915）。第３章で，感情とは，何かに対処すべきことがある，ということを知らせてくれるという話をしました。緊急事態に遭遇した際，それと戦うか，勝つ見込みがなさそうなので逃げるかの選択肢をとるための感情がそれぞれ怒りと恐怖・不安とされています。

このような生理的な説明に認知的な要素を加えたのが，レオナルド・バーコヴィッツ（Leonard Berkowitz）です。まだ何かよくわからない不快な感情は，その際に結び付く考えやイメージが攻撃的かあるいは回避的かによって，怒りあるいは不安・恐怖として感じられるとされています（Berkowitz, 2012）。

湯川・日比野（2003）は，怒りには，しばしば「不安に感じた」「動揺した」「心配した」「落ちこんだ」「悲しかった」などの抑うつ的感情が伴うことを報告しています。それが解消されていないままの時，つまり残余覚醒があるとそれが攻撃的に表現されるのです。たとえば，子どもが迷子になって探し回った末，お菓子売り場でウキウキした顔でいるのを見つけた時，まず，「いた！」と覚醒レベルがあがり，その次に「心配したじゃない！」と子どもに怒ります。「心配したのよ。見つかってよかった」と穏やかに伝えればいいものを，高まった不安感による生理的覚醒が高すぎるため，残余覚醒からきつい叱り声となるのです。

また，湯川・日比野（2003）は，怒り経験を尋ねた記述の分析から，何かが起こった際には，まず，驚きという感情が出てきた後で，怒りが生じる傾向にあることを確認しています。何かが起こりまず覚醒レベルが高まり，つまりはまずびっくりして，その次に怒りが生じるということです。たとえば，重要な書類に部下が誤った数字を書き入れていることに，まず「え！」と驚き，その次に「こんなミスをするなんて！」と怒りが生じます。

驚きは，自分が当然と思っていたこと，大丈夫だと思っていたこと，期待していたこととは異なっていたことを発見した時に起こる感情とされています。藤井（2009）は，これを「不一致による違和感」と表現しています。いわば「ありえない！」があって，その次の瞬間に怒りがくるのです。

あるいは，怒りからと思える攻撃的な態度の背後には妬みという感情があるかもしれません。澤田・新井（2002）は，人が妬みを感じた時にとる対処を３つに分けています。まず，誰かに相談したり，努力しようとする「建設的解決」，忘れようとする「意図的回避」，そして相手への攻撃的言動や八つ当たりといった「破壊的関与」です。「自分にないものをもっている」という認知だけなら，「羨ましい」という比較的害の少ない感情にとどまりますが，「自分だってそれを手に入れることができるはずである，与えられるべきである」という認知が加わると，それは，質の悪い妬みとなります。昇進できなかった同僚があなたに対して，仕事のことで言われのないことを強く〈批判〉してくるのは，もしかしたら，不公平感からくる妬みの感情からなのかもしれません。

このように，〈批判〉の際には一見すると怒りの表現のような言動が伴うことも多いですが，相手は何かに驚き，もしかすると不安や心配，

表５－５　攻撃行動の分類

カテゴリー	内　容
敵意的攻撃	相手に対して否定的感情を抱いており傷つけること自体が目的である攻撃行動
偶発的攻撃	欲求不満やイライラ，不安からたまたまとられる攻撃行動
道具的攻撃	自己呈示，利益獲得，秩序の維持など，何らかの目標を得るための手段として使われる攻撃行動

落胆や妬みといった感情を同時に抱えているのかもしれません。その可能性を意識してみてください。

さらに，攻撃的な言動は怒りからと思いがちですが，そうでもありません。**怒りがなくても攻撃的な言動がとられる場合もあります**（表５－５）。攻撃的に〈批判〉をされると，どうしても恨み，蔑み，嫌悪など自分への敵意を感じてしまいがちですが，こういった敵意的攻撃だけではありません。あなたとは別のことが原因で抱えているイライラのせいで，あなたは偶発的攻撃の対象として，たまたま怒鳴られたのかもしれません。

あるいは，何かを得ることを目的とした攻撃もよくあります（道具的攻撃）。たとえば，「自分を強く見せたい」「賢く見せたい」といった自己呈示や，「自分の言いなりにさせよう」といった利己的動機からの場合もあります。

②分析的な態度が自分の身を守る

すでに，第３章で触れたように，感情は自然なものであり，それ自体を否定することはできません。しかし，〈批判〉を眺める時には，そこから相手の感情的要素を差し引いて受け止める必要があります。「どうして今頃報告するんだ！」と落ちてくる雷も，相手がイライラしているので怒鳴られていますが，内容だけ見れば要は「報告が遅い」ということです。「確かに遅かった」と思えば，その点を次から気をつければいいのです。あるいは「そんなに早く報告するのは難しい」と思えば，現状の説明や今後の対応策について，場を改めて話し合いをすればいいと思えます。

繁桝（2011）は，「ダメ出し」が活かせる条件を探る中，私たちが相手の悪いところを言うことが苦手なのは，送り手も受け手も双方が意識し過ぎていて，過剰に否定的にとらえてしまっているためではないかとしています。悪いところは１つの情報としては知る必要があるはずであり，そのためには〈批判〉をニュートラルにとらえることが必要だと述べています。**〈批判〉に含まれているさまざまなものを引き算して残るものが，そのニュートラルな部分になる**のでしょう。

片田（2015）は，自分が正しいと信じ切り，怒りを拡散する人に対する対処として，「分析すること」の重要性を提唱しています。それが，相手の怒りに巻き込まれたり，その被害者になってしまわないためのスキルだとしています。上で述べたような，〈批判〉に含まれるいろいろな要素や怒りについて知ることで，分析が可能となります。すべて相手の攻撃的な〈批判〉から引き算してください。

以上を引いていくと，残りはかなりシンプルになってくるのではないでしょうか。ただし，その分析はあくまでも「もしかしたら相手は……」という程度にとどめておいてください。相手の性格や意図を決めつけないでください。ましてや，「そんなことで怒るなんて」「そんなことどうでもいいと思うけど」など，相手の感情や価値観を否定したり見下すことは，アサーティブネスの他者尊重の土台に反します。相手がもしかしたらこういう風に感じているかもしれない，という可能性について分析するのは，あくまで〈批判〉を怖れることなく，また，相手の感情に巻き込まれることなく，相手の話を聴くためです。**目的はあくまで〈批判〉の中身に集中するため**の分析です。

その際にアサーティブネスの視点から非常に重要なことは**「自分の責任」について考える**ことです。日比野・湯川（2004）は「自責化」と命名しています。この言葉は自分を責めるといったニュアンスが感じられてしまうかもしれませんが，「自己責任」について振り返ると考えてください。相手からの〈批判〉について，自分がやってこなかったこと，言ってこなかったことはないでしょうか。これまで〈批判〉の中身についてよくわからないまま，受け入れていた自分がいたかもしれません。現在の状況について何か知らせていなかったことがあるかもしれません。そして，そういう心当たりが見つかれば，それについて今後自分は何ができるのかについても考え，提案してみるといいかもしれません。「先週締め切りが重なっていたことをお伝えしていなかったので，今週の進み具合が遅い，とおっしゃるのも当然かと思います。今後は，早めに報告します」という対応ができるかもしれません。

そしてさらに，重要なことが**「相手を敵だと思わないこと」**です。難しいとは思いますが，「相手との勝ち負け」という視点を捨てることです。相手がその〈批判〉を伝えてきたのには相手にも何か事情があるのではないか，といったことを考えてみてください。「あんなひどいことを言ってきた相手についてそんな風に思えない」「許せない」という気持ちもあるかもしれません。しかし，そこから降りない限り，〈批判〉の対処は相手を一方的に責める攻撃的なものになってしまいます。相手の怒りは相手のものであり，相手に負けじとそれに応じて自分も怒りに振り回されてしまえば，問題解決の道は閉ざされてしまいます。

日比野・湯川（2004）の調査では，この自責化は，時期を通してあまり見られない認知であり，自然なままではなかなか及ばない考え方であることが推測されます。そこはアサーティブネスの難しいところでもあり，しかし，自他尊重のコミュニケーションをめざすのであれば，必要な考え方なのです。難しいですが，意識すること，練習することで実現は可能です。

この章のまとめ

心理学でわかっていること

見ている現実が異なる（第４章から）
自己とは複雑で，多面的である

〈批判〉にはいろいろなものが含まれている
怒りと思えるものにもいろいろある

アサーティブネスでは

〈批判〉を怖がらない
　イコール自分ではない
　自分の一部についてである
〈批判〉をいったん受け止め，じっくり眺めよう
〈批判〉の中身と相手の怒りを分けよう

引用文献

阿部晋吾（2002）．怒りの表出経験と被表出経験：調査概況　関西大学大学院人間科学：社会学・心理学研究，*57*，61-74.

阿部晋吾・太田仁（2014）．中学生の叱られ経験後の援助要請態度―自己愛傾向による差異―　教育心理学研究，*62*, 294-304.

Berkowitz, L. (2012). A different view of anger: The cognitive-neoassociation conception of the relation of anger to aggression. *Aggressive Behavior, 38,* 322-333.

Cannon, W. B. (1915). *Bodily changes in pain, hunger, fear and rage : An account of recent researches into the function of emotional excitement.* New York: D. Appleton and Company.

遠藤由美・吉川左紀子・三宮真智子（1991）．親の叱りことばの表現に関する研究　教育心理学研究，*39*, 85-91.

藤井雅子（2009）．人はなぜ怒るのか　幻冬舎

日比野桂・吉田富二雄（2006）．怒り経験の鎮静化プロセスと怒りコントロール　筑波大学心理学研究，*31*, 31-43.

日比野桂・湯川進太郎（2004）．怒り経験の鎮静化過程―感情・認知・行動の時系列的変化―　心理学研究，*74*, 521-530.

片田珠美（2015）．「自分が絶対正しい！」と思っている人に振り回されない方法　大和書房

川内修平（2016）．叱責の有無が二者関係に及ぼす影響— 叱責・無叱責の動機推測に着目して— 近畿大学総合社会学部 卒業論文要旨集，103.

川人潤子・堀匡・大塚泰正（2010）．大学生の抑うつ予防のための自己複雑性介入プログラムの効果 心理学研究，*81*, 140-148.

川人潤子・大塚泰正（2011）．大学生の肯定的自己複雑性と満足感，幸福感および抑うつとの関連の検討 パーソナリティ研究，*20*, 138-140.

Linville, P. W. (1987). Self-complexity as a cognitive buffer against stress-related illness and depression. *Journal of Personality and Social Psychology, 52*, 663-676.

佐藤徳（1999）．自己表象の複雑性が抑鬱及びライフイベントに対する情緒反応に及ぼす緩衝効果について 教育心理学研究，*47*, 131-140.

澤田匡人・新井邦二郎（2002）．妬みの対処方略選択に及ぼす，妬み傾向，領域重要度，および獲得可能性の影響 教育心理学研究，*50*, 246-256.

Sedikides, C., & Strube, M. J. (1997). Self-evaluation: To thine own self be good, to thine own self be sure, to thine own self be true, and to thine own self be better. In M. P. Zanna (Ed.), *Advances in Experimental Social Psychology, 29*, 209-269. New York: Academic Press.

繁桝江里（2010）．ダメ出しコミュニケーションの社会心理—対人関係におけるネガティブ・フィードバックの効果— 誠信書房

繁桝江里（2011）．何が「ダメ出し」フィードバックの効果に影響を及ぼすのか リクルートマネジメントソリューションズ 2011年04月27日号（https://www.recrums.co.jp/issue/interview/0000000240/）

Strube, M. J., & Roemmele, L. A. (1985). Self-enhancement, self-assessment, and self-evaluative task choice. *Journal of Personality and Social Psychology, 49*, 981-993.

Taylor, S. E., Neter, E., & Wayment, H. A. (1995). Self-evaluation processes. *Personality and Social Psychology Bulletin, 21*, 1278-1287.

湯川進太郎・日比野桂（2003）．怒り経験とその鎮静化過程 心理学研究，*74*, 428-436.

おわりに

アサーティブネスに出会って，そろそろ20年になります。その間，日常のさまざまな場面で，「知っていてほんとうによかった！」と何度思ったことでしょう。アサーティブという道具のおかげで，日々ストレスになりそうなことが山積している中，実際に感じるストレスの程度はかなり低いように思います。

何をどう伝えるか，自分と向き合いながら考えている間に，問題はまったく別のところにあったことに気づき，当初伝えなくてはならないと思っていたことは不要になり，ストレスがなくなるというケースもあります。しかし，問題は次から次へと出てきますし，もちろんそれらが何もかも解決するわけではありません。

それでもストレスが低いのは，「もうどうしようもない」という感覚にならずにすんでいるからです。とりあえず「提案してみよう」「お願いしてみよう」「断ってみよう」という気持ちになれるからです。「ダメもと」でも言葉にしてみる，そのための整理の方法を知っている，という感覚が私のストレスを大きく軽減してくれているように思います。「やり方があるんだ」と思えることです。

さらに，アサーティブなコミュニケーションを練習し，身についてくると，さらに「そのやり方は，自分にもできることだ」と感じられてきます。何か問題や状況に対して「自分が何かすることができる」という感覚を，心理学では「自己効力感（self-efficacy）」と言います。その対極にあるのは，「自分にはもうどうしようもない」という「無力感」です。アサーティブネスは，私の無力感を下げ，自己効力感を高めてくれているのだと思います。

アサーティブネスがもたらしてくれることは，ストレス軽減や自己効力感の高揚といった個人レベルのことから，おそらく相手との関係性の改善・向上といった二者関係のレベル，さらには職場，家庭などでの風通しのよさといった「場の風土」のレベルでも大きな力になります。アサーティブネス・トレーニングの講座で出会う参加者の方々，あるいは，アサーティブを伝えるトレーナー仲間の体験を聞かせていただくたびに，その力の可能性を感じます。

「はじめに」でも述べたように，現場でのトレーニングの実践者として感じていること，そして私自身が次々と問題が押し寄せてくる中で生きる一人の人として感じていることを，心理学の研究者として明らかにしていくことが私のこれからの課題です。

アサーティブネスの要は「対等性」です。それについては，本書のあちらこちらでポイントを述べたつもりです。「相手の事情に耳を傾けたり，想いを馳せたりする」「相手を敵だと思わない」「相手に勝とうと思わない」「人ではなく問題に焦点を当てる」などです。どれも確かに難しいことです。しかし，実現可能ですし，少なくともそれを意識することは大いに可能です。

ただし，それらをどのような形で実現できるのか，何によって身についていくのかなど，「対等性」という概念とその実現については，もっと整理が必要です。これについては，また場を改めて考えたいと思っています。

本書がようやく形になり，出版にいたったのは，熱心に執筆を進めてくださった，ナカニシヤ出版の面高悠氏の存在があったからこそです。書き始めたはいいが日々の多忙さを言い訳にして，筆が進まない状況の中，何度かの絶好のタイミングでのお声がけのおかげで，途中で投げ出すことなくここまで到達しました。この場をおかりして，心よりお礼申し上げます。また，原稿に丁寧に目を通してアドバイスを下さった，山本あかね氏にも大変お世話になりました。

最後に，アサーティブネスとの出会いからこれまで，長きにわたり，学びを支えてくれた両親と娘に，ありがとうの気持ちを込めたいと思います。そして，もちろん，ともに学び続けるアサーティブ仲間のみなさんに心からの感謝の意を伝えたいと思います。

堀田美保

事項索引

人名索引

著者紹介

堀田美保（ほった・みほ）

近畿大学総合社会学部教授。Carleton University. Psychology, Ph. D.

主著に，『現代文化スタディーズ』（共編著，晃洋書房，2001），『テキスト心理学—心の理解を求めて』（分担執筆，ミネルヴァ書房，2000）など。

アサーティブジャパン認定講師。

アサーティブネス

その実践に役立つ心理学

2019年10月20日　初版第１刷発行

定価はカヴァーに
表示してあります

著　者　堀　田　美　保

発行者　中　西　　　良

発行所　株式会社ナカニシヤ出版

〒606-8161　京都市左京区一乗寺木ノ本町15番地

Telephone　075-723-0111

Facsimile　075-723-0095

Website　http://www.nakanishiya.co.jp/

Email　iihon-ippai@nakanishiya.co.jp

郵便振替　01030-0-13128

印刷・製本＝共同印刷工業株式会社

Printed in Japan.

ISBN978-4-7795-1395-4